★★★★★

东京五星甜品店

[日] 岸朝子　日本东京书籍株式会社　编著

徐蓉　译

北京出版集团公司
北京美术摄影出版社

目录

前言 ･･ 8

中央区

银座立田野
冰激凌豆沙水果凉粉 ･････････････････ 12

银座鹿乃子总店日式茶馆
鹿乃子豆沙水果凉粉 ･････････････ 14

银座松崎煎饼茶室
抹茶和日式点心 ･･････････････････ 16

松涛粹
咸味豆沙水果凉粉 ･･･････････････ 18

饮茶处银座佐人
特选蕨菜糕（附带荒茶）･･･････････ 20

银座东京羊羹茶馆
日式芭菲少女的珠宝盒 ･････････ 22

清月堂茶房
糯米粉团冰激凌豆沙水果凉粉 ･･ 24

甜点吾妻京桥总店
红小豆冰激凌 ･･････････････････ 26

茂助团子
团子 ･･････････････････････････ 28

甜品店初音
杏子豆沙水果凉粉 ･･･････････････ 30

森乃园茶店
点茶体验套餐 ･･････････････････ 32

千代田区·港区

天野屋饮茶部
甜酒 ･･･････････････････････････ 38

竹村
御膳年糕小豆汤 ･･････････････････ 40

文钱堂日式茶馆莉须凡
冰激凌豆沙水果凉粉 ･････････････ 42

大丸烧茶店
大字圆烧饼 ･････････････････････ 44

武藏野茶店汐留店
好味芭菲 ･･･････････････････････ 46

茶铺都路里东京店
祇园芭菲 ·················· 48

松月茶店
宇治金时 ·················· 50

虎屋点心铺赤坂总店
豆沙水果凉粉 ·················· 52

虎屋咖啡厅六本木之丘店
红小豆与可可豆制的翻糖
配抹茶酱汁 ·················· 54

乐食乐点心梅芯庵
白雪萝卜山 ·················· 56

闲谈甜点店
冰激凌糯米粉团小豆粥 ·········· 58

福庵
东京塔芭菲 ·················· 60

品川区·目黑区·大田区

银杏树
糯米粉团豆沙水果凉粉 ········ 66

古桑庵
豆沙水果凉粉 ·················· 68

点心所地元
日式点心套餐 ·················· 70

御门屋总店轻松自在茶寮
焙茶和炸馒头 ·················· 72

葛粉糕老店浅野屋
葛粉糕 ·················· 74

甜点荒井
奢华豆沙水果凉粉 ············ 76

涩谷区·世田谷区

表参道茶与茶之间
焙茶寒天冻加计吕麻黑糖的
冰激凌豆沙水果凉粉 ·········· 82

R Style by 两口屋是清
极味豆沙水果凉粉（糯米粉团）········· 84

京林屋青山店
千代之白芭菲 ·········· 86

船桥屋历
抹茶冰激凌葛粉糕 ·········· 88

寒天冻帕帕咖啡厅 & 零售店初台店
寒天冻小豆粥 ·········· 90

山茶花沙龙
少女的山茶花 ·········· 92

樱子
糯米粉团红小豆 ·········· 94

城山茶店
冰激凌豆沙水果凉粉（香草味） ·········· 96

雪月花
抹茶 ·········· 98

文京区

茶房半亭
冰激凌糯米粉团豆沙水果凉粉 ·········· 104

甜品店芋甚
情侣冰激凌 ·········· 106

鹤濑总店饮茶室
小仓豆沙水果凉粉 ·········· 108

汤岛蜜蜂
小仓冰激凌特别版 ·········· 110

Neo Sitting Room!
奇怪版年糕小豆汤 ·········· 112

越后屋
红小豆冰激凌 ·········· 114

甜品店茎之花
糯米粉团冰激凌豆沙水果凉粉 ·········· 116

丰岛区 · 北区

福岛家
抹茶套餐 ·········· 122

甘露七福神
咸味豆沙水果凉粉 ·········· 124

池袋三原堂
冰激凌豆沙水果凉粉 …………………… 126

目白志村
鲜草莓刨冰 ……………………………… 128

石锅商店
久寿饼 …………………………………… 130

糕饼点心店不倒翁屋
宇治金时 ………………………………… 132

台东区·荒川区

福助
加入年糕的福助红小豆 ………………… 138

三桥上野总店
糯米粉团冰激凌豆沙水果凉粉 ………… 140

新莺亭
莺团子 …………………………………… 142

韵松亭喝茶去
豆沙水果凉粉 …………………………… 144

梅园
小米年糕小豆粥 ………………………… 146

梅村
豆寒天 …………………………………… 148

舟和总店饮茶室
蜜豆 ……………………………………… 150

柳桥人气屋
杏子冰激凌豆沙水果凉粉 ……………… 152

甜品店时雨茶屋
京都风味葛粉切面 ……………………… 154

甜品茶房菊丸
浓抹茶豆沙水果凉粉 …………………… 156

羽二重团子家
羽二重团子 ……………………………… 158

墨田区·江东区·葛饰区

言问团子家
言问团子 ………………………………… 164

埼玉屋小梅
小梅团子 ………………………… 166

北斋茶房
大纳言豆沙水果凉粉 ………… 168

五十岚屋
田园芭菲 ………………………… 170

船桥屋龟户天神前总店
葛粉糕 …………………………… 172

山长
黍子小米年糕小豆粥 ………… 174

甜品店由原
小米年糕小豆粥 ………………… 176

甜品店入江
糯米粉团冰激凌豆馅豆寒天 ………… 178

高木屋老铺
艾草团子 ………………………… 180

花南亭
凉粉 ……………………………… 182

新宿区·中野区·杉井区·武藏野市·三鹰市

纪之善
抹茶味巴伐利亚风味布丁 ………… 188

神乐坂茶寮
胡桃和蕨菜糕的水果挞 ………… 190

甜品店花
冰激凌豆沙水果凉粉 ………… 192

鲷鱼烧若叶
鲷鱼烧 …………………………… 194

追分团子总店
追分团子 ………………………… 196

花园万头花园茶寮
葛粉流水素面 ………………… 198

甜品茶寮梦梦
抹茶意式冰激凌
栗子糯米粉团豆沙水果凉粉 ………… 200

富士见野
冰激凌糯米粉团年糕小豆粥 ………… 202

甜食者
草莓牛奶金时 …………………… 204

甜品饮茶店樱花茶店
樱花三昧 …………………… 206

井泉亭
田园年糕小豆粥 …………………… 208

甜品店高岭
鲷鱼烧 …………………… 210

甜点中具有代表性的素材有哪些 …………………… 212

大范围地图索引 …………………… 216

东京铁道路线图 …………………… 218

广域地图 …………………… 220

附录 …………………… 254

专栏 岸朝子的"甜点的乐趣"

花之银座，一个有着华丽多彩甜品的地方…………………… 34
感受江户这令人怀念的味道所带来的喜悦…………………… 62
明明都是糕，却是那么不一样…………………… 78
寒天冻是减肥的好帮手…………………… 100
地域不同，名字也会跟着不同的年糕小豆汤…………………… 118
健康的日本传统甜点…………………… 134
蜜豆、豆沙水果凉粉进化论…………………… 160
砂糖是"甜口良药"…………………… 184

区域地图

人形町…10 银座…11 神保町／神田／新桥…36 六本木·麻布十番／赤坂／芝公园…37 北品川／自由之丘／都立大学／中町…64 池上…65 表参道／广尾／成城学园前…80 幡幡谷·初台／上町／等等力…81 汤岛…102 根津／小石川／本乡…103 巢鸭…120 池袋／目白／王子／十条…121 上野／浅草桥…136 浅草／莺谷／日暮里…137 向岛／锦系町／两国…162 龟户／门前仲町／柴又…163 神乐坂／四谷／高田马场／新宿…186 新井药师／吉祥寺／西荻洼／三鹰…187

◎本书插图系原书插图
◎商品的价格等数据可能会发生变化
◎店铺的信息可能会发生变化
◎书中的菜单只是各店的部分菜单，并非全部

前言

我出生于大正年间（1912—1926 年），养育我成长的东京是一个拥有许多可以吃到豆沙水果凉粉或者年糕小豆汤的甜品店的城市。不止是银座、浅草、新宿这些繁华的地方，像小石川（现在的文京区内）这种不起眼的地方也同样有着不错的甜品店。出门跑腿的小孩在回家的路上总是会忍不住在这些店前驻足。和甜点一起，店里还会卖一些安倍川年糕饼、矶边卷（紫菜食品）等饼类食物，另外还有红豆糯米饭、油豆腐寿司等。因此当时的甜品店可以说兼有现在的咖啡店和快餐店的多重身份。

曾经有一段时间，这样的甜品店减少了不少，不过最近因为在年轻人中间又流行了起来的关系，渐渐地又增多了。很多人认为，之所以会这样，大概是因为寒天冻、红腰豆、红小豆都是一些健康食品。不过我个人觉得这不过是一部分原因，而这些从江户时代就传承下来的甜点所拥有的诱人味道才是它们再度流行的真正的原因。我曾经有过吃完寿司再去咖啡店喝咖啡的失败经历，果然吃过寿司还是应该吃豆沙水果凉粉或者年糕小豆汤之类的传统日式甜点。

我相信，在 21 世纪，健康的日本料理会风靡全球。而将一年四季的特色都美丽地呈现出来的日式点心，如豆沙水果凉粉、年糕小豆汤、各种口味的刨冰等，应该也会在世界上流行开来吧。

中央区

丸の内
●帝国劇場
東京国際フォー
有楽町駅

日比谷駅
日比谷濠
地下鉄日比谷線

法務省
霞が関
千代田区
⊗丸の内署
日比谷
日比谷駅

霞ケ関駅
日比谷公園
有楽町
有楽町駅
マル
有楽町
マリオ
日比谷
シャンテ
銀座

地下鉄丸ノ内線
東京高速道路
帝国ホテル
⊗泰明小

地下鉄千代田線
東海道・山手・京浜東北線

日比谷公会堂
内幸町
並木通り

日比谷シティ
松坂
銀座六
銀座立田野
松涛粋
内幸町駅
地下鉄銀座線
銀座七
地下鉄三田線
外堀通り
飲茶処銀座佐

西新橋
港区
新橋
銀座八
新橋出口

新橋駅
新橋入口

人形町
NINGYOUCHO

日本橋
人形町
人形町

中央区
日本橋浜町
甘酒横丁

地下鉄半蔵門線
A1
森乃園茶店
A2
甘酒横丁

地下鉄浅草線
日本橋小
⊗
甜品店初音
新大橋通り
浜町出口

水天宮前
甜品店初音
水天宮

地下鉄日比谷線
有馬小
⊗

向島都高速
日本橋蠣殻町
水天宮通り
新大橋通り

京橋駅
京橋

八丁堀

京葉線

甜点吾妻
京桥总店

西銀座入口
新京橋出口

銀座東京
羊羹茶館

銀座一丁目駅

東銀座出口

京橋入口

ブランタン
銀座

銀座一

京通会館

地下鉄銀座線

中央区銀座線

地下鉄有楽町線

銀座二

松崎煎餅茶室

松屋

銀座

新富

銀座三

銀座駅

三越

A1

銀座四

銀座
ブロッサム

新富町駅

新富町
出口

銀座鹿乃子総店
日式茶館

A2 A3

中央区

地下鉄丸ノ内線

昭和通り

入船橋

銀座五

中央区役所

三原橋

東銀座駅

銀座入口

首都高速都心環状線

新大橋通り

地下鉄日比谷線

歌舞伎座

万年橋西

銀座出口

築地駅

6

ADK 松竹スクエア

銀座出口

万年橋東

京橋築地小

明石町

京橋局

新橋演舞場

銀座入口

築地四

清月堂茶房

築地本願寺

国立がん
センター

築地場外市場

築地

築地市場駅

朝日新聞社

A1

茂助団子

地下鉄大江戸線

魚がし横丁

隅田川

中央卸売市場

1：10,000

银座立田野

冰激凌豆沙水果凉粉

冰激凌豆沙水果凉粉。店家自己加工的杏脯酸味恰到好处，黑糖汁浓厚且回味无穷

　　原本是相扑选手的创始人于明治28年（1895年）在日本桥创立了店铺，又在大正13年（1924年）将店铺迁移到了现在的所在地。沿着七丁目的中央大街，虽然地处世界一流时尚品牌之间激烈争夺的超级商圈，却没有被周围的气氛所影响，店里的空气中隐约流动着旧时女学生们喜爱的"豆沙水果凉粉店"风味。店里的服务员训练有素，温和有礼，让客人有宾至如归的感觉。

　　冰激凌豆沙水果凉粉充满了独特的风味，换句话说就是那种让人怀念的味道。由富良野产的红小豆制作的馅料口感柔和香甜，而同是富良野产的豌豆所制作的外皮又十分Q弹，在富有弹性的外皮里充满了美味的馅料。再淋上足足的冲绳产最高级黑糖制作的独家黑糖汁，不知道为什么，从食物到食器都立刻勾起一种让人十分怀念的感觉。

　　可供选择的组合套餐的甜品，有使用多种神津岛产天草混合并且每天早晨新鲜煮制的凉粉、仅使用水和砂糖以及红小豆制作的小仓（一种掺有蜜渍的整粒红小豆的豆馅）冰激凌和季节限定日式点心，以及葛粉糕、红小豆馅的糯米粉团、葛粉水晶馒头，一共六种。如果是你的话，会怎么选择呢？

绝不装腔作势的名店所提供的

令人怀念的昭和味道

可供选择的甜点三件组合套餐。由前至后分别是小仓冰激凌、凉粉、夏之华（季节限定日式点心）

手信必选，糯米粉团豆沙水果凉粉（近处）、立田野烧（远处左边）和铜锣烧（远处右边，上面是黄油口味，下面是牛皮糖口味）

6月—9月限定的星鳗小锅什锦饭，用小锅煮出的米饭，再配上特别烹调的配料

店内环境宽敞整洁，又不让人有疏离感

菜 单

冰激凌豆沙水果凉粉 ………	950日元	刨冰（6月—9月中旬）
可供选择的甜点三件组合套餐	850日元	红小豆刨冰、宇治抹茶刨冰　各880日元
星鳗小锅什锦饭（夏季限定）…	1200日元	黑糖牛奶红豆冰 ………… 980日元
豆沙水果凉粉、蜜豆、豆馅　各850日元		🎁手信
年糕小豆汤（带皮粒状红豆沙、纯豆沙）		糯米粉团豆沙水果凉粉 …… 525日元
各950日元		铜锣烧（一个，牛皮糖口味、黄油口味）
凉粉………	650日元	各200日元
小仓冰激凌…………	700日元	立田野烧（一个）………… 158日元

银座立田野
銀座立田野
☎ 03-3571-1400
🏠 中央区银座7-8-7
🚇 银座地铁站A2出口步行五分钟
🕐 11:00—19:30　🈵 无休
🪑餐位 60　🚭吸烟 部分座位禁止吸烟

银座鹿乃子总店日式茶馆

鹿乃子豆沙水果凉粉

鹿乃子豆沙水果凉粉是由青豌豆、紫花豆、红腰豆、虎豆、花白豆等各种豆子制成的

在银座的正中央，四丁目的十字路口旁边的地理位置最好。凭借著名点心鹿乃子为人们所熟知的银座鹿乃子总店的二楼有一间日式茶馆。所谓鹿乃子，是一种将馅包裹在用糖浆浸泡的豆子里的传统日式点心。虽然是日式茶馆，但也是店如其名，使用豆子制作的甜点才是其招牌产品。鹿乃子豆沙水果凉粉是由花白豆、虎豆、紫花豆、红腰豆、青豌豆等各色各样的豆子所制成的。糖浆可以从黑糖糖浆和白糖糖浆，以及香味丰富的黄金糖浆三种中任意选择。

馅料使用的是最高级的备中大纳言极品红豆，所以就算只是品味这种最高级食材本身的味道，那也是一种乐趣，因此将刚煮出来的红小豆原汁原味地呈现给食客的现煮红小豆也广受好评。红小豆本身清淡又朴实的甜味给食客带来一种特别的新鲜感。由作为健康食品而颇有人气的寒天冻制作成的饮品寒天冻摇摇茶，深受追求健康主义的女性客人喜爱。

日式点心搭配日本茶自不用说，配上咖啡也很不错，所以店家在原创混合咖啡与日式点心的组合上也下了不少功夫，并且勇于尝试，不断创新。

活用传统的著名点心
富有独创性的高品质

(上右)最大限度品尝红小豆的香味和朴实味道的现煮红小豆
(上左)减肥人士最爱的寒天冻摇摇茶。抹茶口味(远处)和纯红豆沙口味

(上)刨冰和配料都满满的宇治金时(一种将日式抹茶加砂糖煮成的绿茶糖浆淋在刨冰上,再配上以砂糖熬煮的红豆制成的甜点)。(左)面向晴海大街一侧的落地玻璃窗使人感觉店内开阔明亮

菜 单

鹿乃子豆沙水果凉粉	1330日元	刨冰(5月—10月)	
现煮红小豆	1130日元	宇治金时	1330日元
寒天冻摇摇茶(两种口味)	各970日元	红小豆刨冰	1180日元
什锦豆沙水果凉粉	1540日元	宇治抹茶刨冰附带糯米粉团	1280日元
蜜豆	1330日元	🎁手信	
冰镇糯米粉团小豆汤	1230日元	鹿乃子豆沙水果凉粉	441日元
		栗子年糕小豆粥	557日元

银座鹿乃子总店日式茶馆
銀座鹿乃子本店 和喫茶室

📞 03-3572-0013
📍 中央区银座5-7-19
🚇 银座地铁站A1出口步行不远处
🕐 11:30—20:15(星期五、星期六、节日前一天营业至20:45)
休 无休 餐位60 吸烟 部分座位可以吸烟

银座松崎煎饼茶室

抹茶和日式点心

将雅致的季节限定日式点心（图片中为朝颜）配上抹茶，风雅地享用

　　银座松崎煎饼茶室创立于庆应元年（1865年），店家引以为傲的煎饼从面世以来便是深受人们喜爱的手信佳品。平成13年（2001年），以房屋改建为契机，之前一直处于店铺一楼深处的茶室被移到了二楼。广阔的店内空间配上宽大的桌子，使人心情平静，感觉舒适，透过窗户可以眺望并木大街，满眼的绿色让人有得到治愈的感觉。

　　除了必选的豆沙水果凉粉、蜜豆类日式点心以外，还有刨冰、安倍川年糕饼等。虽然菜单上的品种并不算多，但是每一种点心的材料都是经过精挑细选，再使用纯手工制作，最后精心呈现到食客面前的，包括食器的选用和食材的摆盘都可以感受到店家的用心。

　　茶除了有抹茶（冷或热）以外，还有煎茶、焙茶。日式点心部分有练切（一种用小豆粉和砂糖以及其他材料制作成花朵形状的带色日式点心）和蕨菜糕，以及配合当季的五六种季节限定品。看着提桶里漂亮地排列着的当日的日式点心，心中犹豫着是要选择这个还是那个，也是一种乐趣。

　　街道上的喧嚣丝毫无法影响店内安详雅致的氛围，特别推荐在此度过"银座的小憩时光"。

老店的传统和新颖之处
典雅稳重的日式风格又充满现代感

充满季节感的日式点心，精美地摆放在提桶里

从食器到摆盘，每一个细微的角落都十分用心的冰激凌豆沙水果凉粉

（上）宽大的桌子，格子窗，装饰在天井的照明，无一不与银座的考究建筑风格相称
（右）就连红小豆抹茶刨冰也装在雅致的日本陶器中

菜 单

抹茶和日式点心	1050日元	葛粉糕	950日元
冰激凌豆沙水果凉粉	1050日元	凉粉	950日元
豆沙水果凉粉	1000日元	日式薄煎饼	950日元
蜜豆	950日元	刨冰（5月上旬—9月上旬）	
矶边饼	950日元	抹茶红小豆	1050日元
安倍川年糕饼	950日元		

银座松崎煎饼茶室
银座松崎煎餅 お茶席

☎ 03-3561-9815

🏠 中央区银座4-3-11 2F

🚇 银座地铁站B4出口步行不远处

🕐 11:00—19:00（星期五、星期六营业至20:00）

休 无休　餐位 45　吸烟 禁止吸烟

松涛粹

咸味豆沙水果凉粉

咸味豆沙水果凉粉的摆盘看起来简单还有些纤细，却隐约能感觉到其中还有几分威严感

　　源吉兆安银座店拥有多家店铺，它的八楼是画廊，四至六楼则是怀石料理的松涛店，三楼是松涛粹，而一至二楼是日式点心的店铺。这样一个可以说是日本文化旗舰店的地方，本着温故知新的思想，在平成17年（2005年），于现在所在地进行了改装翻新。

　　在松涛粹的甜点里也同样可以感觉到温故知新的气息，它从怀石料理的餐后甜点里汲取灵感，在保持原有传统工艺的前提下，在拓展创新上也下足了功夫。

　　咸味豆沙水果凉粉就是其中极具代表性的甜点。豆沙水果凉粉配上带有咸味的馅芯真的是十分罕见，淡淡的咸味衬托出了糖浆的甜味，使馅料整体的味道更加有层次，让人越吃越想吃。

　　松涛粹的厨房里只有女性员工，这里的甜点里有三种可以说是台柱一般的存在，分别是豆沙水果凉粉、芭菲以及豆腐餐后甜点。例如，提到春天就会想起樱花，而夏季要以让人感觉到凉爽来作为主题，松涛粹根据各个季节来改变甜点的菜单。捞金鱼就是属于初夏的餐后甜点中的一种。女性特有的细腻心思创造出的精美甜点博得了食客们的一致好评，被称赞为"这才是银座的味道"。

弦外之音，使用茶（图片中为抹茶）和源吉兆安特制的上等带馅日式点心（图片中为若叶）的组合

捞金鱼，使用牛奶制作的酸橙豆腐，口感顺滑

由女性职员开发 不断创新的细腻甜点

夏季限定的原创日式无花果芭菲

店内以白色为基调，配上黑色的桌椅

菜 单

咸味豆沙水果凉粉	945日元	抹茶冰激凌蜜豆	1050日元
捞金鱼	840日元	豆沙水果凉粉	945日元
日式无花果芭菲	1050日元	冰激凌豆沙水果凉粉	1155日元
弦外之音	945日元	年糕小豆粥	945日元
青竹葛粉切面	840日元	刨冰（6月上旬—9月上旬）	
抹茶芭菲	1050日元	宇治金时	1050日元
小仓冰激凌蜜豆	1050日元	枇杷的水滴	1050日元

松涛粹
松濤 粹

☎ 03-3569-2361
🏠 中央区银座7-8-9 源吉兆安银座店3F
🚇 银座地铁站A2出口步行五分钟
🕐 11:30—17:00　休 无休
餐位 25　吸烟 14点以后可以吸烟

饮茶处银座佐人

特选蕨菜糕(附带荒茶)

特选蕨菜糕(附带荒茶)。冲泡荒茶用的热水无论你想添加多少次都可以

　　在银座松坂屋的背后,有一栋不大的建筑物,在一个稍显狭窄的入口旁垂着一面有些掉色的旗子,旗子上面写着"茶房"两个字。进入那个入口,通过楼梯下到地下一楼,拉开巨大的拉门进入到店内,船底形状的天棚使天花板看起来格外的高,而且店内空间也出乎意料的宽阔。店里摆着由同一棵巨大的柳曲木切割出来的整张木板制成的大长桌和收银台,闪着原木独有的光泽。墙上是水泥工匠凭借高超的技术使用硅藻土写的日文假名,字体优美。很难想象这样一家店地处银座中心的地下。这家充满清澈的气息并且明暗适当的店,宛如森林深处突然绽开的一朵向日葵,虽有几分格格不入,但却让人心生向往。

　　这家店的主人是佐佐千寻先生和佐佐知子女士,夫妻二人携手在店里辛勤工作。平成14年(2002年),他们选择了在佐佐知子生日(5月18日)那一天开始营业。从那以后,妻子手工制作的甜点配上丈夫严格挑选的茶,便成为了店里独特的经营模式。一直坚守着这种以女性为中心的经营模式正是店家能保持人气的秘诀。

甜点和茶，活用各自的个性产生出前所未有的绝配感

为了方便身着和服的女性，店内的柳曲木椅子采用了纵深加长的独特设计

冰激凌豆沙水果凉粉（附带荒茶），兼有香草和抹茶两种口味的冰激凌

茶壶中的煎茶是屋久岛的雾。绳文杉培育出的清爽提神的味道（点心是铁仙）

萨摩之光是属于玉露风味的煎茶（点心是花菖蒲）

菜 单

特选蕨菜糕 …………………… 1365日元
冰激凌豆沙水果凉粉 ……… 1365日元
豆沙水果凉粉、糯米粉团、年糕小豆粥
　　　　　　　　　　　各1260日元
煎茶 萨摩之光 ……………… 1365日元
　　　屋久岛的雾 …………… 1365日元
　　　挂川之乡 ……………… 1365日元
　　　金谷的石叠 …………… 1365日元

朝宫的四季 …………………… 1365日元
阿苏的釜炒 …………………… 1365日元
高千穗的釜炒 ………………… 1365日元
玉露 宇治田原之香 ………… 1470日元
抹茶 宇治的永寿 …………… 1470日元
* 甜点配荒茶，茶则配京都·桂华堂制作的上等带馅日式点心或者配"BOUL'MICH银座总店"制作的西式点心

饮茶处银座佐人
茶遊处 銀座 佐人
☎ 03-5537-1245
🏠 中央区银座6-11-14 ASENDO银座六丁目B1F
🚇 银座地铁站A3出口步行三分钟
🕐 11:00—20:00（星期日、节日营业至18:00）
🈺 星期一　餐位 16　吸烟 禁止吸烟

银座东京羊羹茶馆

日式芭菲少女的珠宝盒

银座的女性们不论老少都会被吸引的，东京羊羹的自信作品——日式芭菲少女的珠宝盒

　　首都高速公路对面，外崛大街上，作为行道树的柳树还不是很粗壮，在那附近有一座红豆沙色的大楼，好像是一根立起来的羊羹，引人注意。平成17年（2005年）3月3日，既是大楼的竣工日，也是创立纪念日，在这一天一楼开了商店，二、三、四楼则是茶馆。

　　店内，墙面上装饰着数量众多的日本画，其中不乏名家创作的浮世绘版画，每一层在面向外崛大街的那一侧都采用了落地大玻璃窗，使整个店内感觉通透明亮，充分体现了银座这块土地的洗练风格。目录里的商品，不管是名字还是实物又或者是创意，都是该店的自信作品。

　　日式芭菲少女的珠宝盒就是众多原创品中的一个。以两种冰激凌和两种寒天冻，以及小仓馅、糯米粉团为主角，再配上草莓、栗子等，最终以色泽丰富的姿态呈现于食客面前，完全符合它的名字。与另一款招牌产品草莓之梦在女性顾客的欢迎度可以说是平分秋色。

　　甜点的制作素材中，除了水果、冰激凌、鲜奶油以外，全部都是店家自制。豆馅、寒天冻和黑糖汁都出自店家自己的工厂，其他则是在店内的厨房制作，可以说是只有大型店铺才能做到。

聚集了银座人气要素
独家制作的多种原创作品

草莓之梦，酸奶的酸味和草莓酱产生了绝妙的搭配

冰激凌宇治金时刨冰（夏季限定）。切割得稍微有几分狂野的刨冰，配上略带苦涩味道的抹茶酱

竹签羊羹和煎茶的套餐。羊羹和包含其中的栗子甜度正好，口感的美妙程度让人震惊

内部装修各个楼层都不一样。三楼是面向年轻人的简约风格

菜 单

日式芭菲少女的珠宝盒	······ 1100日元	田园(御膳)年糕小豆汤	······ 各840日元
日式蛋糕贵妇人的微笑	······ 1100日元	年糕小豆粥	······ 890日元
草莓之梦	······ 945日元	抹茶时雨	······ 945日元
竹签羊羹和煎茶的套餐	······ 840日元	刨冰(5月中旬—9月下旬)	
豆沙水果凉粉	······ 890日元	冰激凌宇治金时刨冰	······ 987日元
糯米粉团豆沙水果凉粉	······ 945日元	红小豆刨冰	······ 798日元
蜜豆	······ 890日元	冰激凌草莓牛奶刨冰	······ 924日元

银座东京羊羹茶馆
银座 東京羊羹 喫茶
☎ 03-3535-6060
🏠 中央区银座2-2-19
🚇 地铁有乐町线银座一丁目站4出口步行不远处
🕐 11:00—19:00　🈚 无休
餐位 98　吸烟 禁止吸烟

清月堂茶房

糯米粉团冰激凌豆沙水果凉粉

其中素材都各具特色的糯米粉团冰激凌豆沙水果凉粉。有着淡淡甜味的豆馅在舌尖的口感绵柔，店家自己煮的红腰豆将各种味道紧紧团在一起

　　平成19年（2007年），清月堂总店迎来了创立100周年，这是一家广为人知的日式点心店。平成18年（2006年），以店内大改造为契机，清月堂总店以日式点心茶馆的身份重新开业了。

　　一直以来，清月堂都以经营日式点心为主，其引以为傲的豆馅口感丰富、味道浓郁。工厂新鲜制成的豆馅，由茶房以各种各样的形式提供给食客们品尝。

　　豆沙水果凉粉配合了多种豆馅，纯豆沙口感顺滑，甜度控制得恰到好处，清爽不腻。加入了带皮粒状红豆沙和小米年糕的热乎乎的小米年糕小豆粥是冬季首选。年糕小豆汤则有纯豆沙制成的御膳年糕小豆汤以及带皮粒状红豆沙的田园年糕小豆汤两种。

　　现点现做，包括保持吉野传统口感爽滑的葛粉切面、充满抹茶香气的抹茶果汁冻，以及其他很多种类的甜点。这种手工制作的味道，受到了食客们的好评。

　　柔和的间接照明，配上纸质拉门等装饰，充满了日式风情的店内倍感宁静，比改装前更上了一个档次。宽敞的环境，使得客人们可以安静舒适地享受慢生活，不仅适合喜欢安静的女性顾客，男性顾客的身影也不少见。

日式点心 100 年的传统和自豪
被甜点渗透进各个角落的生活

（上右）葛粉切面。虽然因为是手工制作要等比较久，但是其爽滑的口感不容错过

（上左）小米年糕小豆粥属于秋冬限定。极具口感的带皮粒状红豆沙和油炸的小米年糕形成了巧妙的搭配

（下左）宽敞舒适的店面使人放松，不过因为会提供快餐，所以午餐时间还是会稍显拥挤

（下右）平时提供的五种左右的季节限定款上等带馅日式点心，不仅可以配日本茶，配合咖啡或者红茶也十分合适

菜单

糯米粉团冰激凌豆沙水果凉粉···960日元	年糕小豆汤、冰镇抹茶年糕小豆 各880日元
葛粉切面 ················1000日元	抹茶果汁冻·············880日元
小米年糕小豆粥 ··········840日元	抹茶 ··················550日元
上等带馅日式点心·········294日元	刨冰（7月中旬—9月中旬）
豆沙水果凉粉 ············800日元	草莓刨冰 ··············850日元
冰激凌豆沙水果凉粉 ······880日元	红小豆刨冰 ············850日元
蜜豆 ··················780日元	宇治金时 ··············900日元

清月堂茶房
清月堂茶房

☎ 03-3541-5588
🏠 中央区银座7-16-15
🚇 地下日比谷线、都营浅草线东银座站6出口步行五分钟
🕐 10:30—18:30（星期六营业至17:00）
🈳 星期日、节日　餐位 32　吸烟 禁止吸烟

甜点吾妻京桥总店

红小豆冰激凌

开业以来的招牌商品红小豆冰激凌。这刺激舌尖的顺滑口感令人难忘

　　自昭和7年（1932年）开业以来，该店一直兼具甜品店和快餐店两种功能从未改变，一直以来都深受周边办公楼里工作的上班族们的好评。店里的独家自制红小豆冰激凌和这家店的历史一样悠久，十胜产红小豆带来的顺滑口感刺激着食客的舌尖，这种味道从昭和时代初期一直传承到今天。而且大分量这一点也从来没有变过。

　　独家自制的豆馅凭借"儿时吃过的味道"这一点在年长人群中获得一致好评。独家自制的豆馅和极具口感的寒天冻，形成绝妙的搭配。豆沙水果凉粉有冰激凌、意式冰激凌、抹茶冰激凌等，可以添加的冰激凌品种丰富。其中有一种鲜奶油豆沙水果凉粉，其豆馅和鲜奶油的搭配程度让人惊叹。迷你尺寸的豆沙水果凉粉有由红小豆冰激凌和矶边卷组合而成的吾妻套餐A等。套餐菜单中的甜品也多种多样。

　　宽敞的店内有来用餐的，也有来小憩的，从早到晚熙熙攘攘，人流不断。门面部分的贩卖处，各种适合外带的豆沙水果凉粉以及季节限定的日式点心也颇有人气。

（左上）白色与橙色形成对比，凉爽的杏子刨冰。刨冰属于颗粒比较粗大爽口的类型
（左下）使用意式冰激凌的甜点中的代表，意式冰激凌糯米粉团小豆粥
（下）与价格一样，店内的装潢也十分亲民

儿时的味道使人备感亲切
办公区里可以稍作休息的好去处

抹茶冰激凌豆沙水果凉粉。豆馅可以根据喜好从带皮粒状红豆沙和纯豆沙中选择

菜 单

红小豆冰激凌	510日元	刨冰（5月中旬—9月中旬）		
意式冰激凌糯米粉团小豆粥	650日元	杏子刨冰	610日元	
抹茶冰激凌豆沙水果凉粉	620日元	糯米粉团宇治金时	750日元	
鲜奶油豆沙水果凉粉	640日元	🎁手信		
鲜果蜜豆	540日元	豆沙水果凉粉	410日元	
田园年糕小豆汤	640日元	糯米粉团小豆粥	470日元	

甜点吾妻京桥总店
甘味あづま 京橋本店
☎ 03-3561-1626
🏠 中央区京桥3-6-21
🚇 地铁银座线京桥站1或者2出口步行不远处
🕚 11:00—19:30（星期六、日、节日营业至19:00）
🈺 无休　餐位55　吸烟 可以吸烟

茂助团子

团子

由远及近分别是烤丸子、纯豆沙馅、带皮粒状红豆沙馅三种团子。纯豆沙馅丸子切去边角的形状，十分有趣

　　对在筑地市场那些从事沿海体力劳动的人来说，团子是必须提到的一种食品。市集的工作远比想象的还要繁重，因此从很早开始，在劳动之余吃一些美味又补充体力的甜点便成了当地人的爱好。团子原来是类似烤玉米一样的筒状，大约在20多年前开始转变成现在的形态。团子共有纯豆沙馅和带皮粒状红豆沙馅，以及酱油味烤丸子三种口味。烤团子一串有四颗，富含馅芯的豆馅团子则是一串三颗。使用越光水稻作为原料，独家自制的团子，软软糯糯，吃在嘴里十分有嚼劲。

　　店里不光有团子，豆沙水果凉粉也是这里的人气甜品。美味的豆馅，配上西伊豆产天草制作的寒天冻，再淋上使用冲绳产的黑糖制成的黑糖汁，每一个都是店家独家自制的。放入烤得软软的年糕的年糕小豆汤，以及热乎乎的鸡蛋杂煮，都是寒冷时期的首选。

　　店铺地处筑地市场内部，虽然一般客人也可以进入，但是因为配合市集的作息时间，所以开店和闭店的时间都比较早，从一大早开始就会有许多为了购买团子以及日式点心的顾客纷至沓来。

一直以来支持着市集劳动者的
实在又大颗的烤团子、豆馅团子

（上右）糖浆和寒天冻，将各自的风味发挥得恰到好处的豆沙水果凉粉

（上）浮着大块年糕，看起来超有魄力的年糕小豆汤

（左）铜锣烧、竹叶年糕、草味年糕以及其他手工制作的日式点心作为手信深受好评

（下）店内充满了市集特有的活力氛围，全家人总动员努力工作中

菜 单

烤团子（两串）………………	274日元	矶边卷 ………………	336日元
豆馅团子（两串）………………	294日元	鸡蛋杂煮	473日元
豆沙水果凉粉 ………………	420日元	🎁 **手信**	
年糕小豆汤	441日元	烤团子（一串）………………	137日元
糯米粉豆沙水果凉粉 ……	578日元	豆馅团子（一串）………………	147日元
冰激凌年糕小豆粥	557日元	草味年糕（一个）………………	147日元
安倍川年糕饼	336日元		

茂助团子
茂助だんご

📞 03-3541-8730

🏠 中央区筑地5-2-1 中央卸卖市场内1号馆

🚇 地铁日比谷线筑地站1出口步行五分钟，又或者都营大江户线筑地市场站A1出口步行三分钟

🕐 5:00—12:30　🈵 星期三（市集休息日）不休息，星期日

餐位 12　吸烟 可以吸烟

甜品店初音

杏子豆沙水果凉粉

独家自制的素材各自都是主角，同时也都是配角。味道的平衡处理得恰到好处的杏子豆沙水果凉粉

　　"对豆沙水果凉粉来说，豆馅、寒天冻以及糖浆之间的平衡是关键。所以全部都由自己来制作是最好的。"这是该店第七代店主石山洋子的至理名言。正如她所说的，豆馅选用的是北海道产的手选红小豆特级品，糖浆则是使用冲绳产的黑糖制作，寒天冻是来自新岛以及其他伊豆七岛产的天草混合而成，每一个都是手工制作出的佳品。

　　"无论什么商品，都希望可以在刚做出来的时候就被客人吃下去，所以在客人坐定之前，都不会上菜"也同样是他们的信条。江户人就是如此的顽固。不止是这些信念一直都不曾动摇，还有从天保8年（1837年）在人形町开业到如今都一直保留着的门口的暖帘，如果说甜点也有所谓的"江户派"的话，那这家甜品店一定就是了。

　　将大块的杏肉使用糖水熬煮，再经过一整晚的发酵，才有了杏子水果豆沙凉粉中那甜度恰到好处的杏肉。这样的杏肉再配上饱含水分的豆馅，吃到嘴里就会有一种怀念的感觉。

　　茶锅里煮出的开水所泡出的茶，口感醇厚，一点一点喝着这样的茶，再配上小仓年糕小豆汤，就这么悠闲地度过一个午后，是多么的惬意。

独家制作以现做现吃为信条

坚持使用暖帘的『江户派』甜品店

小仓年糕小豆汤，煮过的红小豆混合纯豆沙制成的汤汁，配上使用石臼每日新鲜捣制的年糕两块

（右）柔和的光线透过有着细木条格棂的玻璃窗洒满店内每一个角落
（左下）放在凉粉上的是磨碎了的新鲜山葵
（右下）抹茶冰激凌小仓糯米粉团。小仓馅是一颗颗整粒的红小豆，豆子的香味更加浓郁

菜 单

杏子豆沙水果凉粉	950日元	刨冰（黄金周期间—9月中旬）	
抹茶冰激凌小仓糯米粉团	1050日元	红小豆刨冰、年糕小豆汤刨冰	各750日元
小仓年糕小豆汤	700日元	杏子刨冰	850日元
凉粉	600日元		
蜜豆	650日元	🎁 **手信**	
年糕小豆粥	850日元	豆沙水果凉粉（一人份）	700日元
豆子寒天冻	650日元	年糕小豆汤（一盒五人份）	3000日元
筑前葛粉切面	1050日元	纯豆沙（500克）	1800日元

甜品店初音
甘味处 初音

📞 03-3666-3082
🏠 中央区日本桥人形町1-15-6
🚇 地铁日比谷线人形町站A2出口步行两分钟
🕚 11:00～20:40（星期日、节日营业至17:40）
🈳 无休　**餐位** 40　**吸烟** 可以吸烟

31

森乃园茶店

点茶体验套餐

附带有茶筅（圆筒状竹刷）、茶勺的点茶（一种煮茶方法）体验套餐。茶叶罐里装着两次份的抹茶

　　森乃园创立于大正3年（1914年），是一间以焙茶为人们所熟知的茶叶铺。闻一闻在店铺里炒制的焙茶，气味芬芳，一直以来都是途经甘酒横丁和人形町大街的路人们的一种享受。直至今天，焙茶也是森乃园的招牌商品，帝国大饭店、东京会馆以及其他很多上流场所，使用的都是森乃园出品的产品。

　　平成16年（2004年），借着店铺翻新的机会，在二楼又增开了森乃园茶店。二楼巨大的窗户不但带来了良好的采光，还可以远眺甘酒横丁的行道树。在下午茶的时光，总是可以听到从附近的明治座归来的女性顾客们的欢声笑语。

　　以顾客自己动手添加抹茶泡茶为特色的点茶体验套餐，在喜欢尝试新鲜事物的顾客们中特别受欢迎。套餐中除了茶，还配有两个独家自制的一口份日式点心，其中一个比较甜，另一个则感觉巧妙地控制了甜度。

　　如果想体验茶叶铺的特色味道，焙茶芭菲会是一个不错的选择。鲜奶油和香草冰激凌，再配上焙茶糯米粉团、焙茶冰激凌、焙茶水果冻、焙茶糖浆，简直就是焙茶总动员。

多重变奏曲
名店名茶的多重享受

将招牌的味道以多重变奏曲一般的手法丰富呈现出来的焙茶芭菲

特制冰激凌豆沙水果凉粉，内有满满的焙茶糯米粉团和煎茶寒天冻

纯白的墙壁以及洁净的天花板使得店内分外明亮。窗外是甘酒横丁

纯豆沙馅、芝麻、黄豆粉、抹茶、焙茶，五种口味的手工丸子套餐

菜单

点茶体验套餐 ·············· 1000日元	抹茶（附带一口份日式点心）··· 1800日元
焙茶芭菲 ················· 950日元	独家自制黑豆焙茶（附带仙贝）
特制冰激凌水果豆沙凉粉 ··· 880日元	·················· 700日元
手工丸子套餐 ·············· 950日元	刨冰（7月—9月）
特制栗子豆沙水果凉粉········ 800日元	特制焙茶刨冰 ·············· 950日元
加入了特制烤年糕的栗子年糕小豆粥	特制抹茶刨冰 ·············· 950日元
·················· 800日元	🎁手信
煎茶（附带一口份日式点心）··· 1200日元	五色丸子（一色三颗）·········· 950日元

森乃园茶店
森乃園茶房

📞 03-3667-2666

🏠 中央区日本桥人形町2-4-9
🚇 地铁日比谷线人形町站A1出口步行不远处
🕐 12:00—18:00
休 星期一　餐位 24　吸烟 禁止吸烟

花之银座，一个有着华丽多彩甜品的地方

江户时代（1603—1867年），这里是银座（钱币铸造所）的所在地，而现在则只有银座这个名字被保留了下来。明治5年（1872年）的大火使得这里成了西式建筑林立的地方，变成了代表东京的时尚街。昭和初期，我还是小孩子的时候，中央大街就像是流行歌曲里唱的那样，马路两边由柳树组成的行道树，从一丁目到八丁目，在银座闲逛充满了乐趣。

虽然在那个时候就已经有冰激凌以及芭菲这样的西洋甜点了，但是女学生们也很喜欢吃豆沙水果凉粉或者年糕小豆汤这样的传统甜点。我当时也经常去银座立田野等几家甜品店。例如，在看完宝冢歌剧团的表演又或是电影之后，去某家店里聊聊天再回家。

鹿乃子总店开业于20世纪中期，使用红小豆、甜豌豆、芸豆制作成的鹿乃子，小巧可爱，色泽丰富。看着这些漂亮的鹿乃子一个个被彩色印花纸小心地包装起来实在是一件开心的事情，因此我经常会买来作为手信。而在水天宫拜过神之后，我一定会顺道去一下初音，现煮红小豆是使用红小豆加砂糖熬煮的一种甜点，其口感清爽，真的是吃多少都不会觉得腻。这大概就是江户儿女所喜欢的甜点风味吧。

千代田区

港区

専修大

神田神保町

千代田区

白山通り

地下鉄新宿線　専大前　神保町駅　神保町

神田小川町

地下鉄半蔵門線

A1

三省堂　駿河台下

すずらん通り

首都高速池袋線

大丸焼茶店　岩波ホール

さくら通り

A7

九段局

文銭堂日式茶馆
莉须凡

神田一橋中

東京パークタワー

千代田区役所

共立女子中

三井ビル

地下鉄東西線

共立女子大・
短大・高

地
下
鉄
三
田
線

神田錦町

北の丸公園

一ツ橋

東京電機大

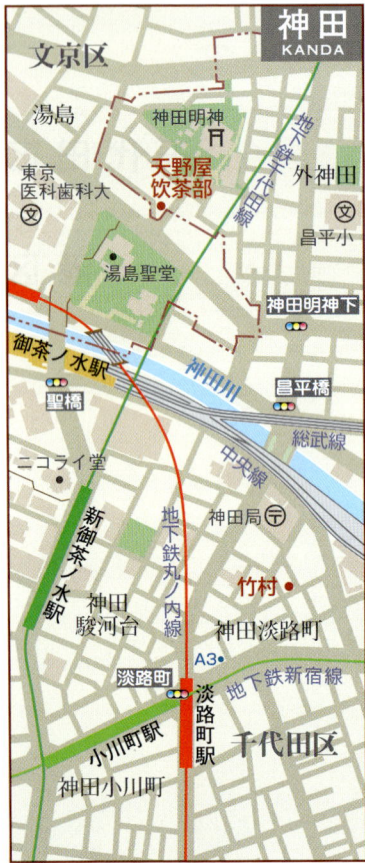

文京区

湯島

神田明神

地
下
鉄
千
代
田
線

東京
医科歯科大

天野屋
饮茶部

外神田

昌平小

湯島聖堂

神田明神下

御茶ノ水駅

神田川

昌平橋

聖橋

総武線

ニコライ堂

中央線

新
御
茶
ノ
水
駅

地
下
鉄
丸
ノ
内
線

神田局

神田
駿河台

竹村

神田淡路町

A3

淡路町

地下鉄新宿線

小川町駅　淡
路
町
駅

千代田区

神田小川町

東京高速道路

地下鉄銀座線

新橋出入口

新橋

地下鉄浅草線

新橋駅

新橋

新
橋
駅

汐留シティ
センター

武藏野茶店
汐留店

カレッタ
汐留

新橋駅前

日本テレビ

茶铺都路里
东京店

汐留

東
海
道
・
山
手
・
京
浜
東
北
線

パークホテル
東京

汐留出入口

汐
留
駅

汐留
シオサイト

東新橋

港区

浜離宮庭園

横
須
賀
線

浜離宮

地
下
鉄
大
江
戸
線

六本木・麻布十番
ROPPONGI AZABUJUBAN

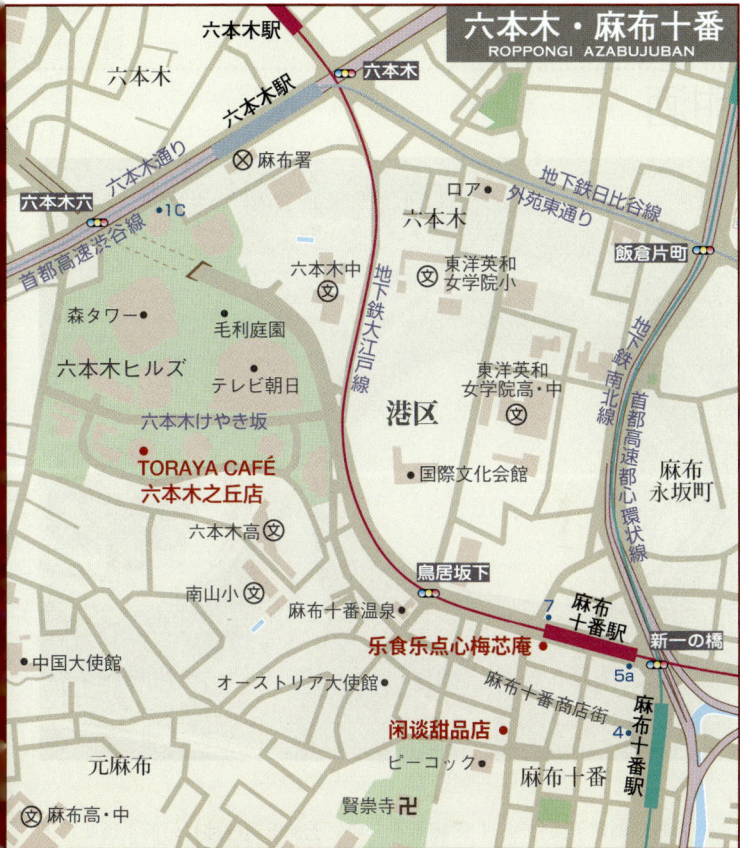

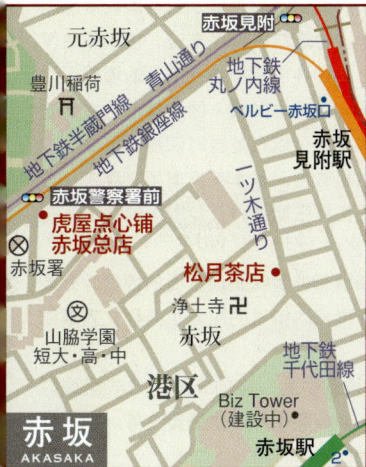

六本木駅

六本木駅

六本木

麻布署

六本木

六本木通り

六本木六

1C

首都高速渋谷線

地下鉄日比谷線

ロア

外苑東通り

飯倉片町

六本木中

東洋英和
女学院小

森タワー

毛利庭園

六本木ヒルズ

テレビ朝日

東洋英和
女学院高・中

地
下
鉄
南
北
線

首
都
高
速
都
心
環
状
線

麻布
永坂町

港区

六本木けやき坂

地
下
鉄
大
江
戸
線

TORAYA CAFÉ
六本木之丘店

国際文化会館

六本木高

南山小

鳥居坂下

7

麻布
十番駅

新一の橋

麻布十番温泉

乐食乐点心梅芯庵

5a

中国大使館

オーストリア大使館

麻布十番商店街

麻布
十
番
駅

4

闲谈甜品店

元麻布

ピーコック

麻布十番

麻布高・中

賢崇寺

赤坂
AKASAKA

赤坂見附

元赤坂

豊川稲荷

地
下
鉄
半
蔵
門
線

青山通り

地
下
鉄
丸
ノ
内
線

ベルビー赤坂口

赤坂
見附駅

地
下
鉄
銀
座
線

赤坂警察署前
虎屋点心铺
赤坂总店

一
ツ
木
通
り

赤坂署

松月茶店

浄土寺

赤坂

山脇学園
短大・高・中

港区

地
下
鉄
千
代
田
線

Biz Tower
(建設中)

赤坂駅

芝公園
SHIBAKOUEN

飯倉

芝公園

東京プリンス
ホテル

東京タワー

福庵

東京タワー前

芝公園

港区

増上寺

桜
田
通
り

東麻布

東京タワー下

東麻布一

赤羽橋駅

赤羽橋

都営大江戸線

赤羽橋口

1：10,000

0   200m

地图上端为正北方向

37

天野屋饮茶部

甜酒

以淡淡的甜味和清香为特色的甜酒。配菜的久方味增，一入口便令人难忘

　　天野屋创建于弘化3年（1846年），地处于神田明神神社门前不远处，店面采用的是泥灰墙的古朴建筑风格，是东京都内唯一在地下的窑洞内酿造甜酒的店铺。在那个砂糖还十分昂贵的年代，对江户的平民来说，使用酒曲发酵酿造而成的甜酒大概是最亲民的甜点了。在神田明神神社附近的墙壁上，曾经挖掘出好几个专门制作酒曲用的窑洞。在那个时代，围绕着市区会有很多挑着担子走街串巷的甜酒小贩，他们的身影可以说是当时江户夏天的一道风景。但是之后发生了多次地震，之前的那些窑洞基本都坍塌了，现在在东京都内只剩下天野屋这一个地方了。窑洞在神田明神神社范围内的地下，在那里面，现在也仍旧延续着制造酒曲的工艺。

　　对纯天然的甜酒来说，清淡的甜味和清新的香味是最重要的因素。冬天热乎乎的甜酒令人难忘，而在仲夏的日子里，冰镇过的甜酒也同样让人难以割舍。

　　与小卖部连接在一起的饮茶部有着风雅中庭，店内充满了日式情调。除了甜酒，店里还有各种豆沙水果凉粉、明神蕨菜糕、甜酒馒头等。到了夏天，吃一些刨冰来消暑会觉得格外的凉爽畅快。

口感Q弹，给舌尖带来全新的感受的明神蕨菜糕

在神田明神神社地下的窑洞里酿造
保存江户风味的纯天然甜酒

（右）将甜酒的独特风味温柔地包裹在其中的甜酒馒头
（下）和神田明神神社的风格相互辉映，充满江户平民区独有的潇洒风格的店
（下右）个头不小的糯米粉团让人十分有饱足感，冰激凌糯米粉团豆沙水果凉粉

菜 单

甜酒	400日元	刨冰（5月中旬—10月中旬）	
冰激凌糯米粉团豆沙水果凉粉	850日元	甜酒刨冰	500日元
明神蕨菜糕	500日元	宇治金时糯米粉团	900日元
甜酒馒头	500日元	🎁 手信	
冰镇甜酒	450日元	甜酒	735日元
豆沙水果凉粉	550日元	明神蕨菜糕	683日元
豆子寒天冻	550日元		

天野屋饮茶部
天野屋喫茶部

📞 03-3251-7911
🏠 千代田区外神田2-18-15
🚃 JR中央线御茶水站圣桥出口步行五分钟
🕐 9:00—17:30（节日营业至16:30）
🚫 星期日（12月第二周—4月第二周无休）
🪑餐位 23　吸烟 可以吸烟

竹村

御膳年糕小豆汤

御膳年糕小豆汤。口感细腻到令人惊叹的小豆汤，渗透进烤年糕中

　　在神田须田町一丁目，仍残存着这么一块充满江户平民区复古情怀的地方。伊势源、神田荞麦面、牡丹等数家名店一间挨着一间，在这里静静地矗立着。仿佛从周边那些楼群里隔绝了出来，这里流淌着令人放松舒畅的独特空气。

　　牡丹的斜对面便是创建于昭和5年（1930年）的竹村，其店面一直以来都受到了所有者充满慈爱的保护。第二代店主经常笑着说："比起做馒头，维护店铺设施更加费力。"不盲目追求潮流，在甜点的手工制作上从不妥协，这一精神一直传承至今，并取得了罕见的成果。

　　御膳年糕小豆汤中的纯豆沙是如此细腻。使用芝麻油和菜籽油调和油炸出来的炸馒头香气扑鼻。刚蒸出来的小米和纯豆沙之间相互牵引出最佳的味道，这便是小米年糕小豆粥。常客也好，慕名而来的也罢，人们都会被这里的那种让人怀念的味道所吸引，不断地来此品尝。

令人怀念的年糕小豆汤店

开业至今都不曾改变的工匠精神

怀旧风格的玻璃窗、矮桌以及传统坐垫

巧妙地装饰着红小豆的小米年糕小豆粥，清淡
典雅的味道

使用专用的豆馅制作的炸馒头，表皮酥脆，一
口咬下去，唇齿留香

菜　单

御膳年糕小豆汤	730日元	田园年糕小豆汤	730日元
炸馒头	430日元	凉粉	500日元
小米年糕小豆粥(11月上旬—次年6月上旬)	760日元	刨冰(6月中旬—9月秋分时)	
杏子豆沙水果凉粉	730日元	年糕小豆汤刨冰	730日元
杏子蜜豆	680日元	宇治金时	780日元
黑芝麻年糕小豆汤(11月上旬—次年6月上旬)	730日元	🎁 手信	
		小米年糕小豆粥	760日元
		炸馒头(六个)	1290日元

竹村
竹むら

📞 03-3251-2328

🏠 千代田区神田须田町1-19

🚇 地铁丸之内线淡路町站、都营新宿线小川町站A3出口
步行三分钟

🕐 11:00—20:00

🈺 星期日、节日　餐位 40　吸烟 可以吸烟

文钱堂日式茶馆莉须凡

冰激凌豆沙水果凉粉

豆沙使用的是日式点心用的独家自制豆馅，寒天冻口感Q弹，制作出让店家引以为傲的冰激凌豆沙水果凉粉

在这条充满文化气息的街上，随处可见书籍和学生的踪影。揭开日式点心店橘昌文钱堂门前的暖帘，进入到它的地下一楼，这里便是莉须凡之所在。昭和23年（1948年），几乎是和文钱堂同时，它以"里斯本"的名字开业了，到了昭和60年（1985年）的时候，因为店内改装成了日式风格的茶馆，所以就把店名改成了现在所看到的汉字。日式点心店和茶馆都属于同一家人，从最初的店主夫妻，到后来他们的孩子，再到他们的孙子辈，一直至今。因为属于家族式经营，所以店内可以格外感受到家庭特有的那一份温暖。

冰激凌豆沙水果凉粉的糖浆有黑糖糖浆和白糖糖浆两种，任君选择。豆沙则使用的是日式点心用的独家自制豆馅，味道浓厚。寒天冻也同样是该店自制，吃在嘴里弹牙有嚼劲。这些加在一起，便组成了店家引以为傲的冰激凌豆沙水果凉粉。寒天冻和可以让人微微地感受到大海的味道的凉粉一样，使用伊豆七岛产的天草制作。

抹茶套餐里所附带的上等带馅日式点心当然也是文钱堂特制的。店内平时都会提供五至七种的点心可以选择，不论是哪一款，其清淡不腻的甜味都与抹茶的苦味搭配得恰到好处。

深受这条文化气息浓郁的街喜爱的
正统派日式点心店制作的甜点

(左上)许多角落，哪怕是不引人注意的地方都装饰了小饰品，日式风情盎然的店内

(右上)萩烧(一种陶器)的碗里是清新淡雅的抹茶，上等带馅日式点心是使用白小豆制成的菖蒲。
抹茶套餐

(右中)田园年糕小豆汤同样使用的是日式点心用的独家自制豆馅制作。附带泡菜

(右下)将生姜细细地切成丝放在最上面，十分独特的凉粉。吃起来有着大海的味道

菜 单

冰激凌豆沙水果凉粉	730日元	葛粉切面	630日元
抹茶套餐	730日元	刨冰(5月—9月)	
田园(御膳)年糕小豆汤	各680日元	红小豆刨冰、杏子刨冰	各680日元
凉粉	520日元	宇治金时	780日元
蜜豆	630日元	**手信**	
豆沙水果凉粉	680日元	豆沙水果凉粉	470日元
小米年糕小豆粥	840日元	葛粉糕(两人份)	630日元

文钱堂日式茶馆莉须凡
文錢堂喫茶室 莉須凡

☎ 03-3292-0005
住 千代田区神田神保町1-13-2
交 地铁神保町站A7出口步行不远处
营 10:00—19:30(星期六、节日10:30—18:00)
休 星期日　餐位 50
吸烟 部分座位12:00—13:30禁止吸烟

大丸烧茶店

大字圆烧饼

大字圆烧饼和玉露茶套餐。味道厚实的大字圆烧饼和气味芬芳的玉露茶，相互牵引出对方最佳的味道

　　樱花大街是一条宁静的街道，在这里有着开业于昭和23年（1948年）的大丸烧茶店。作为招牌产品的大字圆烧饼，在神保町附近可以说是无人不知，无人不晓。以"使用最好的材料，精心制作"为大字圆烧饼的基础，现在第三代店主，也同样保持这个信念继续烤制着大字圆烧饼。

　　大字圆烧饼要比大判烧饼小一点。将精心熬煮而成的豆馅，包裹在蜂蜜蛋糕风味的质朴外皮内，便形成了大字圆烧饼。为了保证它的新鲜程度，店内每烤好一个，就会立刻用专门的盒子包装起来。因为保质期可以有一周左右的时间，相对于其他甜点要长不少，所以作为国内外都可以带的手信，十分受到人们的欢迎。

　　大字圆烧饼和绿茶套餐中的绿茶也属一流，因为上代店主和百货商店的茶叶商人有着不错的关系，所以即便是静冈县藤枝产的名茶这种紧俏商品也可以大量购入。豆馅不管是味道还是甜度都十分浓烈，不只是大字圆烧饼，豆沙水果凉粉以及年糕小豆汤也同样如此，有着厚实的味道。

　　抹茶糖浆略带苦涩的口感和抹茶独有的香味，是宇治金时的特色。在天气渐渐变热的日子里，会有许多男性顾客为它而来。

红小豆的味道，配上烤年糕的香味，组成了美味的田园年糕小豆汤

手工细心烤制的神保町著名点心和严选的茶一起拥有大量男性粉丝

豆馅和冰激凌都分量十足的冰激凌糯米粉团豆沙水果凉粉

（上）宇治金时的上半部是味道清爽的抹茶，底部则是满满的豆馅
（右）大概是因为临近商业街的关系，朴实无华的店内有着许多男性顾客

菜 单

大字圆烧饼和玉露茶套餐	570日元	年糕小豆粥	570日元
冰激凌糯米粉团豆沙水果凉粉	620日元	刨冰（6月下旬—10月上旬）	
田园年糕小豆汤	520日元	宇治金时	520日元
豆沙水果凉粉	520日元	红小豆刨冰	470日元
蜜豆	470日元	🎁手信	
蜜豆冰激凌	520日元	大字圆烧饼（五个）	800日元

大丸烧茶店
大丸やき茶房

☎ 03-3265-0740
🏠 千代田区神田神保町2-9
🚇 地铁神保町站A1出口步行三分钟
🕙 10:00—17:30
🈺 星期六、星期日、节日
餐位 20 吸烟 可以吸烟

武藏野茶店汐留店

好味芭菲

利用醇厚的抹茶味意式冰激凌将甘薯的甜味完美地衬托出来的好味芭菲

在"汐留SIO-SITE"区的一角，坐落着汐留城市中央大厦，而武藏野茶店汐留店就在其中。与田无的总店一样，店内装潢同样采用了充满大正风情的复古风格。日式甜点和西式蛋糕以及各种饮料都一应俱全，而甜点都是由工作人员在厨房里手工制作的。

极具人气的好味芭菲，以甘薯泥作底，上面是一层豆馅，再来是鲜奶油，顶端是分量不小的抹茶意式冰激凌，周围再辅以芋纳豆（一种将甘薯切成小块，再使用糖水熬煮，最终裹上一层砂糖的甜点）。略带苦涩的抹茶味，配上层层甜点，极易入口，虽然一份好味芭菲的分量并不小，但是一不注意就已经吃完了。

将十胜产的红小豆煮得软软的，制成豆沙水果凉粉等甜点需要的豆馅，可以说是日式甜点的精髓所在。至于满载色泽鲜艳的水果和蜜豆，你可以从其中每一个细节中感受到制作它的女性工作人员的良苦用心。

特制冰咖啡并非普通意义上的冰咖啡，它是将咖啡冻成一个个冰块制成的。另外还有多种饮料在托盘上放上客人点的商品，然后再在旁边放上一朵鲜花作为装饰，如此良苦用心，大概正是女性工作人员的闪光之处。

照顾周到且令人放松的
充满大正风情的复古小店

（上）可以说这是一个可以吃的珠宝盒。杯中满是各种色泽鲜艳的水果、美丽又美味的蜜豆
（左）抹茶豆沙水果凉粉。抹茶冰激凌配上口感弹牙、香气扑鼻的糯米粉团
（左下）糯米粉团小豆粥，温和的抹茶配上温和的小豆粥，与糯米粉团形成绝妙的搭配
（右下）有着百年历史的板绘隔扇，还有那富有复古风情的灯罩，整个店内充满了大正风情

菜 单

好味芭菲	260日元	抹茶水果冻	680日元
抹茶豆沙水果凉粉	1260日元	特制冰咖啡	790日元
蜜豆	1050日元	刨冰（6月—9月上旬）	
糯米粉团小豆粥	1000日元	宇治金时意式冰激凌刨冰	950日元
豆寒天	1000日元	黑糖糖浆刨冰	750日元
葛粉切面	950日元	草莓牛奶刨冰	750日元

武藏野茶店汐留店
武藏野茶房 汐留店
☎ 03-5568-6340
🏠 港区东新桥1-5-2 汐留城市中央大厦B1F
🚃 JR线新桥站汐留出口步行三分钟
🕙 10:30—23:00（星期六、星期日、节日11:00—21:30）
🈑 无休　餐位 40　吸烟 可以吸烟

茶铺都路里东京店

祇园芭菲

这款有着三种颜色的冰激凌以及其他各种配料的祇园芭菲，是东京店才有的限定版

　　茶铺都路里开业于万延元年（1860年），是一家经营宇治茶的老店，祇园辻利则是它在京都祇园的总店，在当时新建总店的时候，也新开了经营茶和甜点的店。凭借着从未有过的浓厚风味的抹茶芭菲而深受广大食客的好评，为了回馈广大顾客的期待，终于在平成14年（2002年），东京店开业了。从那以后，在东京吃到和京都总店一样的芭菲变为了可能，连续数日店外都排起了等待一尝的长龙，为店铺聚集了不少人气。即使到了现在，每天开业前门口都会排起长长的队伍，是汐留附近队列最长的一家店。

　　客人中有七八成的目标都是芭菲，其中以祇园芭菲为首，其他还有都路里芭菲、焙茶芭菲等，一共有七种芭菲，而这些芭菲不管是哪一种，都含有大份的茶香浓厚的冰激凌。

　　不只是芭菲，店里同样有豆沙水果凉粉、凉粉、蕨菜年糕等各式日式甜点。而这些甜点或是淋上了抹茶糖浆，或是其中混有抹茶里其他各种茶，在不同的甜点里各司其职，将各自的味道发挥得淋漓尽致。真不愧是经营宇治茶的老店，碾茶（未经过碾压加工的抹茶）等高级茶在这里尽显各自的魅力。

种类丰富的绿茶味芭菲
京都的招牌甜点在东京也同样有人气

充满自斟自饮乐趣的碾茶，附带甜点糯米粉团子

(左)小仓抹茶蜂蜜蛋糕，豆馅配上冰激凌，再辅以糯米粉团的搭配，给其增加了几分豆沙水果凉粉的风味
(左下)蕨菜年糕、豆沙水果凉粉以及其他可以打包的甜点也有很多种
(下)店内空间宽敞，氛围优雅，不愧是首都的老店

菜 单

祇园芭菲	1260日元	刨冰（5月中旬—10月中旬）	
小仓抹茶蜂蜜蛋糕	945日元	日元山时雨	893日元
碾茶	1155日元	抹茶时雨	1155日元
抹茶蕨菜年糕	735日元	手信	
特选都路里芭菲	1365日元	糯米粉团豆沙水果凉粉	480日元
焙茶芭菲	1050日元	抹茶蕨菜年糕	840日元
糯米粉团豆沙水果凉粉	840日元		

茶铺都路里东京店
茶寮 都路里 东京店
☎ 03-5537-2217
🏠 港区东新桥1-8-2 caretta 汐留B2F
🚉 JR线新桥站汐留出口步行十分钟
🕐 11:00—23:00（星期日、连休的最后一天营业至22:00）
🚫 不定期休息（大厦维修日休息）
餐位 41　吸烟 禁止吸烟

🌿 **松月茶店**

宇治金时

将店内泡制的抹茶与糖浆混合淋在刨冰上做成的宇治金时，茶香扑鼻，无论是男性顾客还是女性顾客，都十分喜欢

　　在有精品店林立、料理风格多样的一之木大街的南边，有着著名的TBS（日本东京电视台），而松月茶店正与它在大街的同一侧。松月是一家大正时代初期便开业的日式点心店。在昭和41年（1966年），松月茶店于点心店的二楼开业了，临街的一侧有着巨大的玻璃窗，给店内带来了良好的采光。

　　因为地利的关系，这里经常可以见到电视台、演艺公司、制片方的相关人员，而且男性常客也很多，经常可以看到这些人一边吃着豆沙水果凉粉或寒天冻一边激烈讨论的场景。

　　宇治金时以其浓郁的风味，在男性顾客之中颇受欢迎，当然在女性群体里也同样拥有很高的人气。红小豆馅和糯米粉团，再将店内泡制的抹茶与糖浆混合，淋在刨冰之上，抹茶香味清新，可以品尝这样的美味简直是一种享受。

　　抹茶套餐里附带了店家自己制作的上等带馅日式点心，这些点心会根据当时的季节有所不同，无论哪一种都可以感受到当季的特色。

　　煮红小豆从红小豆的熬煮方式开始就与年糕小豆汤不同，软乎乎的糯米粉团又被红小豆那清爽的甜味包裹着，是味道与口感的完美结合。

男性客人也同样喜爱
不做作的味道，不做作的店

（左）抹茶套餐，附带上等带馅日式点心，通过抹茶带出来柔和的甜味
（下）光看外表就十分惹人喜爱的甜味煮红小豆，男性粉丝也很多

（上）临近一之木大街的一侧有着巨大的日式窗户，店内采光良好

（右）红豆大福和一之木万寿馒头的套装组合，作为手信颇有人气

菜 单

煮红小豆	770日元	糖水刨冰（草莓）	各590日元
抹茶套餐	660日元	红小豆刨冰（抹茶）	各750日元
御膳（田园）年糕小豆汤	各670日元		
蜜豆	540日元	**手信**	
豆沙水果葛粉	610日元	红豆大福和一之木万寿馒头的套装组合	
凉粉、葛粉切面、豆馅	各540日元	（各五个）	1950日元
刨冰（全年）		红薯馒头（一个）	270日元
宇治金时	850日元		

松月茶店
松月茶房

☎ 03-3583-7307

港区赤坂4-3-4

地铁银座线、丸之内线赤坂见附站belleVie赤坂出口，又或者千代田线赤坂站2出口分别步行五分钟

10:30～18:00　星期六、星期日、节日

餐位 40　吸烟 可以吸烟

虎屋点心铺赤坂总店

豆沙水果凉粉

豆沙水果凉粉附带粗茶。糖浆有白糖糖浆和黑糖糖浆两种，可以根据喜好选择

颜色绚丽多彩的豆沙水果凉粉，有小米豆寒天冻、水羊羹、黑琥珀、牛皮糖、脱色寒天冻和普通的寒天冻，以及红腰豆和黑豆，这些种类和颜色都十分丰富的食材再配上分量十足的豆馅，最后将这些独家自制的美食都满满地装进碗里。从口味甘甜、豆香浓郁的豆馅，到由天草开始一步步制作带有大海味道的寒天冻，豆沙水果凉粉里的每一种食材都令人回味无穷。

葛粉切面，因为是从接受订单才开始一人份一人份地制作，所以如果是几个人同时下单的话，第一份和最后一份之间会相差相当长的时间。话虽如此，但是富有嚼劲的葛粉切面，配上使用稀有的和三盆糖制作的糖浆，其搭配出来的浓厚味道，绝对有让你等待的价值，而且些许的等待反而有着促进食欲的效果，可以让吃到嘴里的食物更加美味。

带馅日式点心和茶的套餐，其中茶有四种，而带馅日式点心配合季节则有五至六种，每半个月会更换一次。甚至还保留着元禄时代（江户时代中期，即17世纪末到18世纪初）首创的日式点心，可以说是老店中的老店了。

店内的格调相对缓慢，令人放松。店铺在丰川稻荷神社的斜对面，地处青山大街夹角的赤坂总店地下一楼，超过15点，店内可能会满座。

在豪华又有品味的店内 品尝重视食材的成熟味道

〔右上〕使用吉野本葛（一种葛粉）制作的葛粉切面，一端上来就忍不住想马上吃掉

〔左上〕黑色的桌子，配上红色的椅子，看起来沉稳重，店内到处都是成熟又有品位的装潢风格

〔右〕带馅日式点心和茶的套餐。带馅日式点心是纯豆沙馅的金团（一种在豆馅或者牛皮糖外面裹上去皮豆馅的点心）制成的紫阳花，茶是抹茶

菜 单

豆沙水果凉粉	998日元	冰镇年糕小豆汤（夏季限定）	1050日元
葛粉切面	1260日元	冰镇糯米粉团小豆粥（夏季限定）	1155日元
带馅日式点心和茶的套餐		凉粉	735日元
煎茶、抹茶	各945日元	刨冰（5月—9月中旬）	
冰镇抹茶	998日元	宇治抹茶刨冰	998日元
玉露茶	1050日元	红小豆刨冰	1050日元
特制豆沙水果凉粉	1155日元	宇治金时、宇治落雪	各1155日元

虎屋点心铺赤坂总店
虎屋菓寮 赤坂本店
☎ 03-3408-4121
🏠 港区赤坂4-9-22 赤坂总店B1F
🚇 地铁银座线、丸之内线赤坂见附站A出口分别步行七分钟
🕐 11:00—18:30（星期六、星期日、节日营业至17:00）
休 无休　餐位 42　吸烟 禁止吸烟

虎屋咖啡厅六本木之丘店

红小豆与可可豆制的翻糖
配抹茶酱汁

红小豆与可可豆制的翻糖配抹茶酱。翻糖由两种不同的豆馅搭配多种巧克力制成，口感绵密，香味浓厚

　　六本木之丘公馆一楼在稍微深入榉坂的地方，周围的店铺都采用十分时髦的建筑风格，建筑物的石墙多采用棋盘格花纹，配合以稳重的色调，让人有一种迷失在巴黎或者纽约上城区的错觉。店内的装潢也融入其中，采用了简约时尚的风格。店内的甜点则打破了日式和西式之间的壁垒，以"国际化的豆馅"为主角，虎屋咖啡厅创造出多款原创甜点。

　　肉桂与巧克力的香气在鼻腔中扩散开来，有着浓郁香气的红小豆色甜点就是翻糖，而围绕着它一圈的浓绿色的抹茶酱看起来又是那么美丽，二者组合在一起就是红小豆与可可豆制的翻糖配抹茶酱汁。抹茶味浓郁的酱汁带有些许的甜味，吉野本葛制作的水果冻富有弹性，其中的白小豆馅料更是将它的香味衬托了出来，这些加在一起就是豆奶和白小豆的葛粉水果冻配抹茶酱和豆泥。普洱茶风味的葛粉年糕小豆汤配黑糖馅糯米粉团是采用葛粉勾芡过的，并且带有普洱茶风味的年糕小豆汤，其中使用了黑糖作为馅料的糯米粉团在其他地方也很少见。

忘记日常的忙碌
在这优雅的氛围里细细品味

（右上）散发着豆奶香气的水果冻下藏着豆泥，
豆奶和白小豆的葛粉水果冻配抹茶酱和豆泥
（左上）口感清爽的、普洱茶风味的葛粉年糕小
豆汤配黑糖馅糯米粉团
（左中）手信瓶装豆泥。照片中是纯豆沙馅
（左）、白芝麻和黄豆粉，一共有四种口味
（左下）窗外是充满欧美风情的景色，店内则仿
佛隔离了六本木应有的喧嚣，格外安静

菜 单

红小豆与可可豆制的翻糖配抹茶酱汁	840日元
豆奶和白小豆的葛粉水果冻配抹茶酱和豆泥	788日元
普洱茶风味的葛粉年糕小豆汤配黑糖馅糯米粉团	735日元
其他季节限定的甜品	840日元

手信

瓶装豆泥（四种口味，分别有110克装和290克装）	578～1260日元
虎屋红豆面包（纯豆沙馅、小仓馅）	各168日元
烤薄饼干（两种口味各一袋）	735日元

虎屋咖啡厅六本木之丘店
TORAYA CAFÉ 六本木ヒルズ店

📞 03-5786-9811
🏠 港区六本木6-12-2 六本木之丘公馆B栋1F
🚇 地铁日比谷线六本木站1C出口或者都营大江户线麻布
十番站7出口 各步行八分钟
🕐 11:00—21:00　🈺 无休
🍽 餐位 24　🚭 吸烟 禁止吸烟

乐食乐点心梅芯庵

白雪萝卜山

顶端是金箔、梅子肉以及大纳言红豆，在白雪萝卜山的山脚下是杧果和梅子水果冻。容器是轮岛漆器

　　创业于元治元年（1864年）的日式点心老店梅林堂在平成17年（2005年）设立了以"日式料理店的餐后甜点"为主题的乐食乐点心梅芯庵。面向着从麻布十番到六本木之丘的这条路，在坡道的山脚下有一栋建筑物，在它的一楼有一个不太起眼的白色门面，那便是梅芯庵了。店内的装潢给人一种"不完全是日式，却又兼具日式风格"的印象，镶嵌着波浪形花纹玻璃的格子框架式的隔板一直延伸至天花板，给店内带来了一种通透的美感。

　　仰赖料理研究家远藤十夫先生的协助，以宴会料理为立足点，"略有高雅宫廷风"为概念，使用身边普普通通的水果、蔬菜，创作出了不论是味道还是造型都十分有品位的甜点。

　　白雪萝卜山有着令人不经意便会想起雪山的可爱造型，吃一口，萝卜特有的清爽的酸味便在嘴里扩散开来，超越了宴会料理和甜点各自的限制，将二者完美地结合在了一起，是当之无愧的佳品。还有将色泽丰富的水果以华丽的手法展现，加入了木薯淀粉的杏仁水果什锦，以及将独家自制的纯豆沙馅与巧克力混合而成的味道浓郁的黑巧克力羊羹等。不管是哪种甜品，都可以让人感到其中独具匠心的巧妙构思。

色泽鲜艳、优雅的『略有高雅宫廷风』的创意甜点

玻璃格子的隔板将店内分割成一个个不同的区域，"略有高雅宫廷风"的装潢

（右下）使用丹波产的红小豆精心制成的带皮粒状红豆沙馅，大块的寒天冻口感Q弹，什锦豆沙水果凉粉
（中下）色泽古朴的巧克力羊羹上装饰以色泽鲜艳多彩的水果
（左下）纯白的器皿更加衬托出水果的鲜艳色泽，杏仁水果什锦是那么漂亮

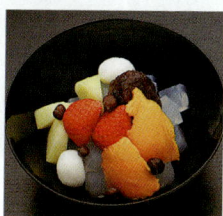

菜　单

白雪萝卜山	683日元	刨冰（6月上旬—9月秋分时）	
什锦豆沙水果凉粉	840日元	小仓牛奶刨冰	788日元
杏仁水果什锦	840日元	宇治金时	893日元
巧克力羊羹	683日元	手信	
年糕小豆汤	630日元	酸梅汤	420日元
年糕小豆粥	683日元	一口大小铜锣烧	126日元
小仓布丁	420日元	鲷鱼最中	158日元

乐食乐点心梅芯庵
楽食楽菓 梅芯庵
☎ 03-3568-7761

住 港区麻布十番1-9-2统一银座麻布十番大厦1·2F
交 地铁南北线、都营大江户线麻布十番站5A出口步行三分钟
营 11:00～23:00　休 无休
餐位 58（包含露台六个座位）
吸烟 部分座位可以吸烟

闲谈甜品店

冰激凌糯米粉团小豆粥

冰激凌糯米粉团小豆粥与咖啡的套餐。热乎乎的咖啡配上冰凉凉的甜点，味觉在冷热之间转换

　　有一栋面朝杂式大街的小楼，小楼前有一段延伸向半地下室的黑色楼梯，楼梯两旁是白色的墙壁，沿着楼梯便可以进入到狭长的店内。店名中的"闲谈"取自法语"Papotage"，意为"轻轻松松，闲话家常"。正如店名那样，有很多喜欢来到这里放松心情、久坐长谈的常客。

　　身为店主的渡边直芳先生曾经这么说过："从六本木之丘建立以来，丘的时尚氛围渐渐地与十番的平易近人混合在一起，到现在，不管顾客阶层也好，街道的面貌也好，比一开始改变了不少。"渡边直芳出生在麻布十番，也长在麻布十番，现在更是麻布十番商店街振兴工会的副会长。之前店里一直以经营自己烘焙的咖啡为业，从昭和61年（1986年）开始转为经营甜点为主。

　　虽然现在已经转换了经营重心，但是店里自家烘焙的咖啡的香气仍保留着原来的水准。咖啡加甜点的咖啡套餐，不仅受到女性熟客的喜爱，在住在附近的许多自由职业男性顾客中也是广受好评。

　　拿冰激凌糯米粉团小豆粥的套餐来讲，其中最突出的就是店家自制的糯米粉团，它能够很自然地散出咖啡独有的芳香，并且新鲜美味。

甜点与自家烘焙的咖啡
衬托出香味的崭新搭配

(左)内含糯米粉团的红小豆刨冰,刨冰
上淋上炼乳,再配以带皮粒状红豆沙
(下)大量的鲜奶油以及品种丰富的水
果。鲜奶油豆沙水果凉粉

一半处于地下的店内,总觉得特别能使人放松,简直
不能更符合"闲谈甜品店"的店名了

鸡蛋杂煮可说是闻起来香,吃起来味
道也好

菜 单

咖啡套餐(热或冷)			
冰激凌糯米粉团小豆粥	…	840日元	
冰激凌豆沙水果凉粉	……	840日元	
*单卖各580日元			
鲜奶油豆沙水果凉粉	………	680日元	
蜜豆	………	470日元	
田园(御膳)年糕小豆汤	…	各630日元	
鸡蛋杂煮		785日元	

刨冰(5月—9月)		
红小豆刨冰	……………	680日元
黑糖糖浆(白糖糖浆)刨冰(含糯米粉团)		
……………		各575日元
宇治金时(含糯米粉团)		680日元

手信

豆寒天(两人份)	………	680日元
豆沙水果凉粉(两人份)	………	780日元

闲谈甜品店

ぱぽたーじゅ

03-3454-5258

港区麻布十番2-8-8

地铁南北线麻布十番站4出口步行三分钟,或者都营大
江户线麻布十番站7出口步行两分钟

9:00~20:00　星期二

餐位30　可以吸烟

福庵

东京塔芭菲

尺寸大到惊人的东京塔芭菲。以情侣为目标人群的大分量

福庵是人工雪制造贩卖公司ADVAX饮食部门的一号店。地处有着修学旅行的学生等各种国内外观光客的东京塔二楼，其客流量可想而知。店内有着各种色彩鲜艳的装饰物，像是露天茶筵用的日式纸伞，又或是挂在墙壁上的武士风筝，充满了江户风情。由合作方筑地入船（店名）专门提供自家生产且无添加剂的日式点心和绿茶的套餐，在相对年长的女性群体中颇有人气。

著名的点心、茶叶先放在一边不谈，在年轻的情侣和带小孩的顾客中，最受欢迎的便是身为招牌产品的东京塔芭菲了。整个芭菲有足足33.3厘米高（东京塔高333米），附带有专门的长柄调羹。芭菲塔看起来又高又细，一眼看过去，完全不知道该怎么样下手比较好。从装饰着新鲜草莓的塔顶，一直到装满玉米片的根部，塔的各层装满了黑加仑糖浆、香草冰激凌、巴伐利亚风味布丁以及各种水果。一边吃一边把手指和嘴巴周围都弄得黏糊糊的，也算是吃这个芭菲的一种乐趣。

三种口味的可爱福馆丸子、六种口味的葛粉水晶馒头等，都是筑地入船的著名点心。这些点心再配上日本桥的山本山出品的有名茶叶，那真是一种享受。

游览过东京塔之后再把它整个吃掉

（左）简单朴素的白色桌椅,映衬着周围华美的江户风装饰物
（左中）加入了抹茶的煎茶和季节限定的日式点心(照片中是艾草糕)的组合,推荐茶套餐

（右下）三种口味的葛粉水晶馒头,从靠近手边的开始分别是紫薯口味、柚子口味、抹茶口味。其他还有小仓口味、梅子口味、苹果口味
（左下）福馅丸子。从左边开始分别是红小豆馅口味、黄豆粉口味、酱油口味

菜 单

东京塔芭菲 ·················· 1280日元	套餐(日式点心和茶)········· 各580日元
推荐茶套餐 ·················· 500日元	入船(日式点心两个和煎茶或者焙茶)
福馅丸子(三串)············· 380日元	玉露茶(日式点心一个和玉露茶)
葛粉水晶馒头(一个)·········· 150日元	抹茶(日式点心一个和抹茶)
抹茶芭菲 ·················· 880日元	刨冰(5月—9月中旬)
豆沙水果凉粉 ·················· 480日元	草莓刨冰(蜜瓜)········· 各350日元
葛粉切面、凉粉 ·············· 各380日元	抹茶刨冰 ·················· 380日元

福庵
ふくあん

☎ 03-5425-2900

🏠 港区芝公园 东京塔2F
🚃 地铁都营大江户线赤羽桥站赤羽桥出口步行五分钟
🕚 11:00—22:00 🈳 无休
餐位 36 吸烟 部分座位禁止吸烟

感受江户这令人怀念的味道所带来的喜悦

一直以来都有着这么一个说法,"生于芝,长于神田"。在东海道侧的江户的入口芝出生,在江户的平民区的中心神田成长,这是江户儿女的骄傲。

日本三大节庆活动之一的神田祭,是为了祭祀平安时代(794—1192年)中期曾经驰骋于关东地区的著名武将平将门的活动,而祭祀的地点神田明神神社也因此被人们所熟知。在那个神田明神神社门前有着以甜酒闻名的天野屋,那是一间承载着江户的过去、有着傲人的悠久历史的酒曲店。在须田町的竹村是一家在品尝过神田松屋的荞麦面、牡丹的鸡肉锅等美食之后,人们多会顺道去的甜品店。

地处赤坂的松月茶店是在日比谷高中上学的小姑娘最喜欢停留驻足的场所。偏爱赤坂御所附近虎屋点心铺赤坂总店的刨冰的人不在少数,而我是秋季限定的栗子糯米小豆饭的粉丝。

不管是吃哪一种,品尝着儿时的味道,感受着活着的真实,让人不能不高兴。品尝神保町大丸烧茶店的大字圆烧饼时候,我就会回想起在《主妇之友》杂志社工作结束后,总是会带一些回去给孩子们当礼物的那段时光。虽然乐食乐点心梅芯庵是一家新店,但是每次吃他们的什锦豆沙水果凉粉,我都会为它的美味程度感到吃惊。

品 川 区

目 黒 区

大 田 区

北品川 KITASHINAGAWA

港区

品川インターシティ

八ツ山橋

品川区

京急本線

北品川一

北品川駅

新八ツ山橋

山手線

東品川

北品川本通り

旧東海道

八ツ山通り

品川女子学院

東海道・京浜東北線

品川本通り

善福寺

北品川

银杏树

法禅寺

北品川

第二京浜

品川神社

自由之丘 JIYUGAOKA

自由ケ丘学園高

目黒区

自由が丘

学園通り

カトレア通り

熊野神社

古桑庵

亀屋万年堂

東急東横線

自由通り

すずかけ通り

ピーコック

東急大井町線

自由が丘駅

東急ストア

世田谷区

奥沢

都立大学 TORITSUDAIGAKU

めぐろパーシモンホール

めぐろ区民キャンパス

目黒区

柿の木坂

東光寺

柿の木坂通り

常円寺

トーヨーボール

八雲

点心所地元

都立大駅前

トリッツセンター

都立大学駅

目黒通り

平町

名店会館

東急東横線

呑川緑道

中根

中町 NAKACHOU

目黒区

中町

呑川緑道

目黒消防署

御門屋総店
轻松自在茶寮

中央町

目黒四中

目黒四中

目黒通り

下目黒

目黒局

目黒郵便局前

円融寺通り

目黒本町

26号線通り

目黒本町図書館
社会教育館

品川区

武蔵小山駅へ

1 : 10,000

0   200m

地图上端为正北方向

64

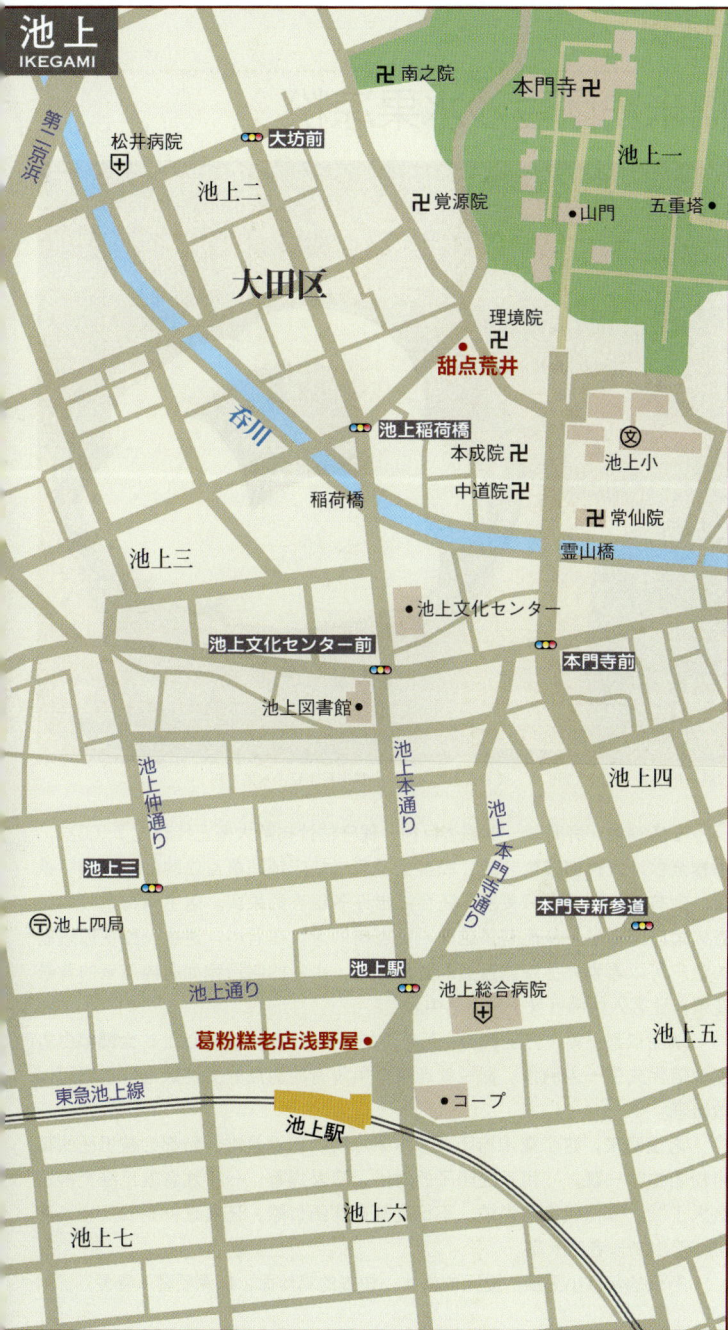

第二京浜

卍 南之院

本門寺 卍

松井病院

●●大坊前

池上一

池上二

卍 覚源院

●山門

五重塔 ●

大田区

理境院 卍

甜点荒井

●●● 池上稲荷橋

本成院 卍

⊗

谷川

中道院 卍

池上小

稲荷橋

卍 常仙院

霊山橋

池上三

● 池上文化センター

池上文化センター前

本門寺前

● 池上図書館

池上仲通り

池上本通り

本門寺新参道 ●●●

池上三

池上本門寺通り

池上四

〒 池上四局

池上駅

池上通り

池上総合病院

葛粉糕老店浅野屋 ●

● コープ

池上五

東急池上線

池上駅

池上六

池上七

1：6,000

0   100m

地図上端为正北方向

65

银杏树

糯米粉团豆沙水果凉粉

以糯米粉团来说尺寸大得惊人，装着五颗糯米粉团的糯米粉团豆沙水果凉粉

　　在店铺的一旁有着一棵银杏巨树，保守估计树龄大概已经超过了100岁，由春至秋，大树都枝繁叶茂，简直到了可以把店铺都覆盖住的程度。到了秋天，金黄色的树叶十分美丽，还会结出许多银杏的果实。店主以母亲般的银杏树为店铺命名，从而有了这家叫银杏树的店。在店内，透过一整块玻璃制的窗户可以看到外面绿意盎然的宽敞庭院，小鸟的叫声宛如店内流淌的背景音乐，让客人仿佛置身于深山之中。

　　从甜点到快餐，乃至饮料，菜单里的品种大约有100种以上，全部都由店主今信代先生一人制作。据说就连菜单里没有的甜点的变种版也基本都可以做出来。

　　话说回来，这个糯米粉团豆沙水果凉粉，无论是谁看到都会被里面的糯米粉团给吓一跳。"用手搓团子的时候，搓着搓着，一不注意就已经变得这么大了"，今信代笑着说道。不论是其充实的口感，还是这特别的尺寸，都可以看出制作者的人品。

　　冬天的年糕小豆汤、夏天的刨冰、快餐的鸡丝面，都深受客人喜爱。

和守护着店铺的巨大银杏树一样
店主开阔的心胸吸引着顾客

冬季首选，有着满满红小豆的田园年糕小豆汤

快餐的鸡丝面，上面放了许多木鱼花

（上）使用传统的草莓糖浆制作的草莓刨冰，充
满了令人怀念的味道
（右）店内的实际面积并不大，但是却让人觉得
很宽敞，店内充满了绿色与阳光

菜　单

糯米粉团豆沙水果凉粉 ……	570日元	豆寒天、葛粉糕、安倍川年糕饼
田园年糕小豆汤 …………	500日元	……………………… 各500日元
杏子豆沙水果凉粉………	520日元	刨冰(7月—9月)
冰激凌蜜豆………………	500日元	糖水刨冰(草莓)……… 各400日元
凉粉……………………	380日元	红小豆刨冰…………… 550日元
鸡丝面…………………	500日元	草莓牛奶冰激凌刨冰 … 600日元

银杏树
いちょうの木

☎ 03-3474-3109
🏠 品川区北品川1-28-14
🚃 京滨快速列车本线北品川站步行三分钟
🕐 12:00—18:30　　休 不定期休息
餐位 20　　吸烟 可以吸烟

古桑庵

豆沙水果凉粉

一边眺望庭院里的风景，一边吃着抹茶茶碗里的豆沙水果凉粉，这便是幸福的味道

自由之丘是一条安静的住宅街，石坂洋次郎的长篇小说《向阳的坡道》便是以这里的一条坡度平缓的长坡道为舞台。而古桑庵宛如一只默默休息的鸟儿，不起眼地立在那条坡道旁。建筑物是木造结构的日本建筑，大正末期修建的主屋上连接着昭和25年（1950年）扩建出来的茶室。因为墙壁四周镶嵌着使用古桑树木制成的裙板，所以将茶室起名为古桑庵，之后店铺也沿用了这个名字。虽然庭院的面积并不是那么大，但是从主屋的客房眺望到的绿意盎然的纯日式庭院非常美丽，因此从开业那天起，几乎所有的客人都会选择中央面向庭院的座位就座。

享受着从庭院吹来的微风的同时，品尝着盛在与店内风格相称的古朴的抹茶茶碗里的豆沙水果凉粉。一边用热腾腾的焙茶清洗着舌尖上的味蕾，一边吃着甜味清淡的带皮粒状红豆沙以及黑糖糖浆的甜点，悠闲地度过一段美好的时光。

冰抹茶欧蕾分为上下两层，上层是牛奶的颜色，下层则是漂亮的抹茶色。先分别尝几口，再将二者混合到一起饮用。如果是夏天，还有使用新鲜柠檬榨出来的汁制成的冰柠檬水，其清爽的酸味给炎炎夏日带来了一丝凉意。

默默地建在幽静的住宅区里
绿意盎然使人心情愉快的纯日式的店

主屋的客房。木板窗外的窄走廊的前方是纯日式的庭院，令人大饱眼福

〔下〕在这个可以说
是古桑庵的起源的
房间，有一个巨大的
具有时代感的衣柜
庄重地立在这里

〔上右〕爽快感在入口的瞬间在嘴里
扩散开来，冰抹茶欧蕾，附带日式
点心
〔上左〕凉粉口感爽滑，其中的酸味
也控制得恰到好处，附带焙茶

菜 单

水果豆沙凉粉	800日元	抹茶	800日元
抹茶欧蕾（热或冷）	各800日元	甘露（冬季限定）	500日元
凉粉	400日元	刨冰（从天气变热开始—9月上旬）	
古桑庵风味抹茶糯米粉团小豆粥		柠檬刨冰（牛奶）	各600日元
	800日元	宇治金时	600日元
古桑庵风味黑糖欧蕾	500日元	糯米粉团宇治金时	700日元

古桑庵
古桑庵

☎ 03-3718-4203

住 目黑区自由之丘1-24-23
交 东京快速列车东横线、大井町线自由之丘站正面出口
分别步行五分钟
营 11:00—18:00（18:00是停止下单的时间） 休 星期三
餐位 一个人坐也没关系，四至五人座位的桌子一共11桌（不拼桌）
吸烟 可以吸烟

点心所地元

日式点心套餐

日式点心套餐的抹茶和上等带馅日式点心（图片中为卯之花）。日式点心有十种可供选择

　　昭和40年（1965年）创建的点心店地元凭借着在东京快速列车沿线著名手信之一的"八云年糕"为人们所熟知。原本店内是有过宽敞的用餐空间的，但是第二代店主石原谦先生在平成5年（1993年）进行店铺改装的时候，将其中的一部分改建成了现在的茶座。虽然只有三桌，空间略显狭小，但是麻雀虽小，五脏俱全。茶座有着横梁交错的天花板以及格子的纸拉门，光影之间的流动，在这个狭小的空间里创造出了沉静的日式风情。

　　茶座每半个月就会更换一次高级带馅日式点心配茶的日式点心套餐。除此以外，菜单的内容相对简单，只有蜜汁寒天冻、年糕小豆汤、葛粉切面（冬天还会有栗子年糕小豆粥）几种。话虽如此，严选奈良、十胜产的红小豆熬制的豆馅，光是在这一点上店家就花了不少心思。为了使豆馅的香味更加浓郁，保留其中古朴的味道，在熬煮的时候采用相对费时又费事的制作方法。就像是制作好的葛粉切面需要使用吉野本葛的特级品一样，要在制作甜点的道路上不断努力，才能够做出好的甜点。

将少数几种手工甜点发挥到极致

不求数量但求质量

（上）素材各自味道之间的平衡掌握得恰到好处的蜜汁寒天冻。茶是天龙产的无农药粗茶

（左）使用吉野本葛制作的富有弹性的美味葛粉切面

（右下）虽然空间显得有点狭小，但是充满了日式风情，是一间可以令人心情放松的店

（左下）店家下足了功夫的、饱含豆馅的年糕小豆汤

菜　单

日式点心套餐	630日元	刨冰（7月—9月中旬）	
蜜汁寒天冻	630日元	草莓刨冰（酸橙、牛奶、水）	各630日元
葛粉切面（夏季限定）	630日元	宇治抹茶刨冰（纯豆沙、带皮粒状红豆沙）	
年糕小豆汤	630日元		各840日元
栗子年糕小豆粥（冬季限定）	630日元	选取当天喜爱的材料制作的刨冰	
			1050日元

点心所地元
お菓子所 ちもと
☎ 03-3718-4643
🏠 目黑区八云1-4-6
🚉 东京快速列车东横线都立大学站步行三分钟
🕐 10:00—19:00　　休 星期四
餐位 10　　吸烟 可以吸烟

御门屋总店轻松自在茶寮

焙茶和炸馒头

人气焙茶和炸馒头。炸馒头有纯豆沙馅和在表皮、馅芯中加入了芝麻的两种口味

御门屋作为炸年糕和年糕片职业制造批发商于昭和27年（1952年）开业，活用甜点制作中占据着重要地位的"油炸技术"，终于在平成5年（1993年）开始出售炸馒头。老饕们对炸馒头的油炸香味给出了高度评价，现在炸馒头已经成为店里的名牌产品了。

平成14年（2002年），因为突然有了"希望来店的客人们可以得到放松"的想法，店主立刻就在总店大楼的一处开张了雅致的轻松自在茶寮。明亮的白色墙壁、从地板直达天花板的大落地玻璃窗以及店内宽敞舒适的环境，无一不使人感到放松。当然，店里最有人气的还是炸馒头。

焙茶和炸馒头套餐的价格便宜到令人震惊，顾客们可以从中感受到店家的态度。爽口的豆馅配上炸得香脆的外皮，这样的炸馒头在一份套餐里竟然有两个，而焙茶也是满满一壶。也难怪每位客人点单以后都特别高兴。

炸年糕更是把"油炸技术"发扬光大。年糕的外皮已经被炸得金黄酥脆，而内部仍旧保持着柔软的口感，将炸得恰到好处的炸年糕淋上甜味剂或是酱油，再把嘴里塞得满满的，那种幸福感很难用语言来表达。特别是刚炸好的热年糕与凉凉的酱油在口腔中混合的时刻，给舌尖带来的那种感觉，大概再也忘不掉了。

将『油炸的技术』发挥到极致的炸馒头和炸年糕

使用北海道产的大纳言红小豆制作的糯米粉团小豆粥,豆馅一颗颗呈粒状,味道清淡

使用两种佐料的调味炸年糕。左边是如糖浆一般甜的甜味噌口味,右边是酱油口味

(右)宽敞明亮的店铺里没有商品出售处
(左)炸馒头(十个一盒装)是手信里的必选产品。两种口味混合装

菜 单

焙茶和炸馒头(两个)	200日元	抹茶和炸馒头(一个)	400日元
炸调味年糕	500日元	**手信**	
糯米粉团小豆粥	500日元	炸馒头(十个一盒装)	1050日元
年糕小豆粥	500日元	年糕片一客(十个一袋装)	1050日元

御门屋总店轻松自在茶寮
御門屋本店 くつろぎ茶寮

☎ 03-3715-7890
🏠 目黑区中町1-26-5
🚉 JR山手线从目黑站向着东京快速列车公共汽车大岗山小学校方向前行五分钟,又或者在目黑消防局前下车步行不远处
🕙 10:00—17:00　休 无休　餐位 22　吸烟 可以吸烟

葛粉糕老店浅野屋

葛粉糕

传承着江户味道的葛粉糕，上面撒了大量的黄豆粉。配的小吃是柴渍（京都特产的一种腌制品）

　　浅野屋自宝历2年（1752年）开业以来，一直一心一意地经营葛粉糕，可以说是老店中的老店。从过去的江户时代到现在，因为参拜池上本门寺的香客一直都络绎不绝，周边也一直很繁华。葛粉糕的制作秘方从开店以来一直都只有长男一个人可以继承，到现在已经传到了第十一代。第十一代店主浅野隆先生从材料的选购到成品的制作，仍旧保持着过去的传统，全部都由他自己一个人手工完成。因为只有一个人制作，而且工序费时，所以无法大量生产，因此从过去开始就始终只有一家店。

　　用小麦粉做的面筋要经过一年以上的时间使之发酵，从开始发酵的那一天开始，每天都要一边尝味道一边判断当天的发酵状态，只有浓度够高，做出来的葛粉糕才会有弹性，口感才会好，而发酵产生的那种特有的臭味也会比较小。配葛粉糕用的黑糖糖浆口感清爽，入喉顺滑。而味道这么好的黑糖糖浆同样是采用手工制作，从过去开始每三天就需要做一次，这个习惯一直延续到今天。

　　"不论是过去还是现在，想要制作出好吃的东西，必须要花费大量的工序和时间。"

使用吉野本葛制作的独家自制葛粉切面，份量十足

（右）意式冰激凌豆沙水果凉粉，采用的是用小火经过数小时熬煮的红小豆，味道清爽
（右下）充满日式风情的店内，在举办法会的日子里，参拜归来的香客会把这里挤得满满的
（左下）葛粉糕、豆沙水果凉粉、葛粉切面等等，手信的品种也很多

菜 单

葛粉糕	420日元	刨冰（5月中旬—9月秋分时）	
意式冰激凌豆沙水果凉粉	660日元	红小豆刨冰	530日元
葛粉切面	550日元	宇治金时	680日元
葛粉时雨	650日元	手信	
小仓葛粉糕	450日元	葛粉糕	310日元
蜜豆	550日元	葛粉切面	470日元
豆寒天、凉粉	各420日元	豆沙水果凉粉	380日元

葛粉糕老店浅野屋
葛餅 老舗 浅野屋

☎ 03-3751-0238

🏠 大田区池上6-12-5

🚉 东京快速列车池上线池上站步行不远处

🕙 10:30—17:00（具体根据葛粉糕卖完的时间关门）

休 星期四　餐位 30　吸烟 禁止吸烟

甜点荒井

奢华豆沙水果凉粉

大量的水果、分别有两种口味的豆馅和冰激凌，还有加了栗子的甘露煮（一种日式的煮菜方法，指用糖煮的东西），真的是非常奢华

　　打开镶嵌着一整块玻璃的格子窗棂式的店门，来到店内，左手边是使用洁净厚实的杉木打造的服务台，右手边是两个双人用的小桌。墙壁和天花板都涂的是加入了稻草的硅藻土，墙上还挂了一个小壁龛，在壁龛的顶棚上又挂了一个风铃，看起来特别可爱。

　　和店内气氛十分相配的店主夫妇认为制作甜点的时候最关键的点就是与周围的大自然相融合，从而制作出不同季节的感觉。

　　奢华豆沙水果凉粉就很好地体现了这一理念，首先是大量当令的水果，配上有嚼劲的寒天冻，牛皮糖上淡淡的桃子味正好表现了季节的更替。一人份一人份地挨个煮制的糯米粉团，八重山产的黑糖和洋槐蜜制作的黑糖糖浆，使用十胜产的红小豆熬煮出来的纯豆沙和带皮粒状红豆沙两种馅料，以及抹茶和香草两种口味的冰激凌。这些材料中，除了水果和冰激凌，其他全部都是手工制作。很想通过这奢华的享受来感受季节变化。寒天冻也会根据季节有不同的变化，春天是樱花味，夏天是抹茶味，秋天则是焙茶口味。

与店铺周边的自然相融合
手工制作出充满季节感的味道

（上）豆寒天冻。红小豆已经被煮烂，皮很柔软，内部的口感绵柔（寒天冻是抹茶味）
（左）大颗的糯米粉团，红小豆粥味道浓郁，搭配抹茶简直完美，糯米粉团小豆粥和抹茶的套餐

俊男靓女的情侣组合，不但人好看，做甜点的功夫也不差

有寿司店构造风格，以甜品店来说十分少见

菜 单

奢华豆沙水果凉粉	850日元		宇治抹茶刨冰	520日元
豆寒天冻	500日元		红小豆刨冰	600日元
糯米粉团小豆粥和抹茶的套餐	650日元		宇治金时	650日元
蜜豆	550日元		**手信**	
糯米粉团冰激凌蜜豆	700日元		豆沙水果凉粉（一杯）	400日元
御膳（田园）年糕小豆汤	各600日元		豆馅（一杯）	300日元
刨冰（6月中旬—9月立秋时）			糯米粉团小豆粥（一杯）	450日元
草莓刨冰（柠檬，杏子）	各400日元			

甜点荒井
甘味あらい

☎ 03-5875-7273

🏠 大田区池上1-35-24 车坂入口

🚇 东京快速列车池上线池上站步行八分钟

🕐 11:00—18:00　　🈺 星期三　　🍴餐位 9

吸烟 可以吸烟，但是星期六、日以及节日禁止吸烟

明明都是糕，却是那么不一样

加在年糕小豆汤和年糕小豆粥里烤得恰到好处的年糕，是将蒸好的糯米捣制而成的。这种年糕和煮熟的米饭不同，容易保存，需要食用的时候只需烤或者煮就可以了，可以说是一种速食产品。将其切成薄片或者小块，再进行干燥，这样可以使保存的时间更久，如霰（切成小块的年糕）和炸年糕。

在人形町的初音，每天早晨都要使用石臼和杵来捣制年糕小豆汤和年糕小豆粥要用的年糕；或者是用烤得脆脆的海苔包起来，制成矶边饼。和市面上销售的袋装年糕不一样，更加有黏度，有令人怀念的味道，让人不禁回想起20世纪初的美好时光。

年糕的历史悠久，据说是和稻米的种植一起传入日本的。正月的镜饼、女儿节的菱饼，在庆祝生日或者过七五三的时候都是不可或缺的传统食物。加入了艾草的艾草年糕以及混入了小米的小米年糕等，种类十分丰富。

现在年轻人经常搞错的糯米粉团其实也是由糯米加工而成的，但是它们的制作方式是完全不一样的。将水浸泡过的糯米研磨成细细的粉末，之后将干燥过的糯米粉加水，最终搓成一个个糯米粉团。其软糯的口感让人停不下来。

虽然都叫作"糕"，但是葛粉糕又不一样，它使用的是葛粉（葛根制成的淀粉）。做法也有两种，一种是将葛粉溶解在适量的水中，再拿去加热；另一种是将葛粉和小麦粉混合，加水，然后放置一晚，第二天再放到蒸笼里蒸。不管是哪一种制作方式，最后都是撒上黄豆粉，配上黑糖糖浆来享用。

涩谷区

世田谷区

東郷神社

神宮前一

妙円寺卍

竹下通り

竹下口

太田記念美術館

神宮前

原宿駅

明治神宮前駅

ラフォーレ原宿

神宮橋

神宮前

渋谷区

山手・埼京線

明治通り

神宮前小

神宮前

表参道

原宿駅前局

表参道ヒルズ

地下鉄千代田線

R Style by
両口屋是清

キャットストリート

表参道茶与茶之間

A2

善光寺卍

ハナエモリビル

A1

表参道駅

神宮前

青山パラシオ

表参道

北青山

表参道駅

B2

青山通り

渋谷教育学園
渋谷高・中

港区

南青山

青山病院

オーバルビル

骨董通り

渋谷

京林屋青山店

こどもの城

地下鉄半蔵門線

青山学院大

地下鉄銀座線

渋谷区

外苑西通り

広尾駅

聖心女子大

南麻布

広尾

広尾橋

2

広尾プラザ

港区

船橋屋歴

地下鉄日比谷線

世田谷区

成城学園前駅入口

成城大

成城五南

成城

成城プラザ

砧総合支所

櫻子

成城石井

コープ

成城学園前駅

小田急小田原線

幡幡谷・初台
HATAGAYA・HATSUDAI

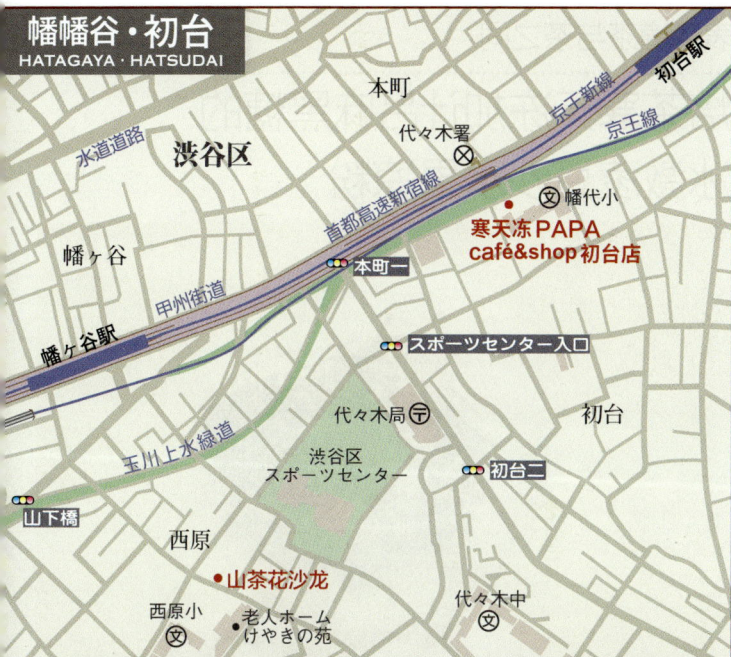

初台駅

渋谷区

本町

京王新線
京王線

代々木署 ⊗

首都高速新宿線

水道道路

⊗ 幡代小

寒天冻PAPA
café&shop初台店

幡ヶ谷

本町一

甲州街道

幡ヶ谷駅

スポーツセンター入口

代々木局 ⊤

初台

玉川上水緑道

渋谷区
スポーツセンター

初台二

山下橋

西原

●山茶花沙龙

西原小 ⊗

老人ホーム
けやきの苑

代々木中 ⊗

世田谷
八幡宮

卍 豪徳寺

宮坂駅

世田谷区

区民●
センター

豪徳寺

東急大井町線

等々力駅

中町

世田谷区

世田谷
城址公園

世田谷城址公園

玉沢橋

等々力

等々力不動前

東急世田谷線

城山茶店

桜

青葉学園短大 ⊗

環八通り

等々力渓谷

不動滝

卍 等々力不動尊

上町駅

桜小 ⊗

世田谷三

●雪月花

野毛

御岳山古墳

世田谷通り

世田谷

谷沢川

桜小前

上町
KAMIMACHI

等等力
TODOROKI

1：10,000

0   200m

地图上端为正北方向

表参道茶与茶之间

焙茶寒天冻加计吕麻黑糖的
冰激凌豆沙水果凉粉

寒天冻的气味芬芳柔和，焙茶寒天冻加计吕麻黑糖的冰激凌豆沙水果凉粉

　　混凝土的墙壁配上巨大的窗户是这家店的外观特征，和外观同样，内部的装潢也是十分简约，但又不失时尚。从繁华的表参道转到分支的小道，步行两三分钟进入到住宅区，这家店就在其中的一角。店内的工作人员主要有日本茶专职讲师和多田先生和农产品专家岸田先生。两人都是穿起白衬衫来特别有威严感的帅哥。

　　焙茶寒天冻加计吕麻黑糖的冰激凌豆沙水果凉粉，包含了使用手工炒制的焙茶做成的寒天冻以及加计吕麻岛产的黑糖，其口感清爽，回味无穷。

　　从基石茶（将夏季采摘的茶叶，经过蒸、管内熟成的后发酵茶）蕨菜糕里隐约可以感觉到纯朴的田园气息，而这种味道正是来自被称作"日本的普洱茶"的高知县产的基石茶。如果要追求极致的话，那么就选择摩利支茶和摩利支茶盖冰激凌吧。

　　第一泡和第二泡能够哗的一下，颜色就起了变化，简直神奇，这就是梦幻名茶摩利支茶。摩利支茶有着无与伦比的浓烈香味，喝到嘴里你可以感受到那淡雅的苦涩味，以及令人难忘的回甘。将泡完不用的茶叶，放在独家自制的香草冰激凌上，便成了摩利支茶盖冰激凌，其典雅的味道，使它无愧于它的第二个名字——天使的甜点。

从充满味道的茶叶中诞生的美味原创甜点

基石茶的蕨菜糕，不知道为什么，其味道让人有一种突然安心的感觉

摩利支茶和摩利支茶盖冰激凌，梦幻之名茶和口感细腻柔滑的香草冰激凌组成了独一无二的搭配

当然店里也出售各种包装好的日本茶

店内空间虽小，但是桌椅之间一点也不显得拥挤。宽敞的空间感更好地衬托出茶的味道

菜 单

焙茶寒天冻加计吕麻黑糖的冰激凌豆沙水果凉粉 ················ 840日元
基石茶的蕨菜糕 ··········· 630日元
茶茶的善哉（热或冷）········ 各840日元
日本茶摩利支茶················ 2100日元
（如果需要摩利支茶盖冰激凌，则需要再加420日元）

抹茶鹫峰 ····················· 840日元
基石茶 ························· 630日元
美人粥套餐 ················· 1050日元
茶与茶的时间杂烩粥 ········ 1260日元

🎁手信

日本茶（约20种，各50克）
··························· 840～3675日元

表参道茶与茶之间
表参道 茶茶の間
📞 03-5468-8846
🏠 涩谷区神宫前5-13-14
🚇 JR山手线原宿站表参道口、地铁表参道站A1出口分别步行十分钟
🕐 11:00—19:00　🈺 星期一
🍽️餐位 16　吸烟 禁止吸烟

R Style by ★两口屋是清

极味豆沙水果凉粉(糯米粉团)

爽口的豆馅,配上柔软的寒天冻,其中的蜜渍红小豆也特别新鲜,这便是极味豆沙水果凉粉

　　平成18年（2006年）2月,与表参道之丘开业的同时,R Style by两口屋是清也开始营业。这家店的前身可以追溯到宽永11年（1634年）,创立于名古屋的两口屋是清曾经很长一段时间都是德川家御用的日式点心铺。而R Style正是想表达两口屋是清想开创新风格的意图,另外R还是字母表里第十八个字母,一语双关地融入了店家想将自己最好的商品呈现给顾客的决心（日语的"第十八"有拿手好戏的意思）。店铺以枯山水（一种不使用水,单靠沙石来展现风景的庭院样式）为基本主题,再融入现代风格,目的是为了打造出表参道之丘中的一方绿洲这一概念。该店将极味（没有更好,没有一样好）、历味（时令的色彩,季节的形态）、好味（令人怀念,兼有创新）的理念作为甜点的三大支柱。

　　极味中的代表便是极味豆沙水果凉粉（糯米粉团）了,大颗粒的豆馅、原味和抹茶两种口味的寒天冻,再配上蜜渍红小豆,十分独特。而历味之中,又数一口大小的江户风味牡丹饼最为杰出。伴随季节更替,始终保持有五种口味可供选择,一份可以选择其中三种口味。如果说到好味的话,那大概就是金团干酪了,其香气浓郁,柚子的香味配上芝士奶油,充满了新鲜感。

★系店铺原名。——译者注

大都会中央的绿洲
老店所提供的三种味道

（右）南高梅糖浆的酸味爽口，使用了这样的糖浆的全熟南高梅口味刨冰可以说是刨冰中的杰作
（左）金团干酪的表面裹满了酸橘皮。吃进嘴里，都是橘子的香味

（右）造型可爱、色泽亮丽的江户风味牡丹饼。从前往后分别是，粒状红小豆馅、紫苏、杏子三种口味。品种会根据季节有所更换

店内可以眺望到表参道的行道树，略有几分奢侈感的现代日式风格的店铺

菜　单

极味豆沙水果凉粉(糯米粉团)…	800日元	刨冰(5月下旬—9月上旬)	
江户风味牡丹饼…………………	700日元	全熟南高梅口味刨冰　………	900日元
金团干酪…………………………	500日元	宇治金时　…………………	850日元
年糕小豆粥　……………………	800日元	🎁手信	
时令水果总汇……………………	700日元	年糕小豆粥　………………	500日元
蕨菜糕蛋白乳酪酥		多种陶罐装寒天冻　………	400日元起
黄豆粉(抹茶)酱汁　…	各700日元		

R Style by 两口屋是清
R Style by 两口屋是清

📞 03-3423-1155

🏠 涩谷区神宫前4-12-10表参道之丘3F

🚇 地铁表参道站A2出口步行五分钟

🕚 11:00—22:00　　🈺 无休

餐位 31　吸烟 禁止吸烟

京林屋青山店

千代之白芭菲

装满了抹茶味寒天冻的千代之白芭菲，有着一点都不像芭菲的古朴颜色，但是颜色搭配十分赏心悦目

京林屋是由宝历3年（1753年）便有的京都老茶店于昭和42年（1967年）在京都三条城创建的，是日本第一家茶的咖啡店。作为2号店的青山店则开业于平成16年（2004年），其特色就是汇聚了各种"茶叶亦可食"的甜点以及料理。

店内以"时尚的茶道"为主题，为了凸显茶的绿，天花板、墙壁、在大颗砂砾上铺着玻璃的地板，还有那好像糯米粉团的椅子，都尽可能地采用了白色。这一切使得甜点中的绿更加清新美丽，就连甜点的味道似乎也变得更加美味起来。

千代之白芭菲有抹茶水果冻、抹茶冰激凌和抹茶意式冰激凌，使用了大量抹茶的"千代之白"，让抹茶苦涩感的爱好者欲罢不能。还有千代之白蕨菜糕，它浓重的绿色映在眼里，让人记在心里，再配上满满的抹茶味的黄豆粉来享用，那真是超出想象的美味。另外玉露玉艳也让人不得不感叹，不愧是老茶店，不然怎么会有如此好茶。其醇厚圆润的甜味在唇齿之间满溢，丰盈的香气直达心肺，让人感觉体内都染上了健康的绿色。三泡之后，茶叶甚至可以配上柑橘汁直接食用。

正餐的话，也同样是茶的特色料理。使用焙茶煮出来的米饭，再加上煎茶炒制，包含了各种茶的茶饭就做好了。

首次打入东京市场的茶之咖啡店
感受时尚茶道的片刻

加入了抹茶味蕨菜糕的特制的林屋豆沙水果凉粉。附带佃煮（一种将小鱼、贝类的肉，以及海藻等加入酱油、调味酱、糖等一起炖煮出来的食物）

（左）采用宇治的传统制法"覆下栽培"制作的玉露玉艳。在店内的茶中最有人气
（右上）千代之白蕨菜糕。使用抹茶制作的蕨菜糕，再撒上抹茶粉，双重的绿色，双重的享受
（右下）店内基本以白色为主，使得柜台里的黑色茶釜格外显眼

菜 单

千代之白芭菲··················	1050日元	刨冰（全年）	
特制林屋豆沙水果凉粉 ······	997日元	淡茶味刨冰 ··············	945日元
千代之白蕨菜糕 ············	840日元	焙茶味刨冰豆沙水果凉粉 ···	997日元
软绵绵抹茶豆腐芝士蛋糕 ···	735日元	雪山（抹茶）··············	1050日元
日本茶玉露玉艳··············	1050日元	手信	
朝香（焙茶）··············	630日元	千代之白蕨菜糕 ············	840日元
初心（抹茶）··············	945日元		
茶饭················	892日元		

京林屋青山店
京はやしや 青山店

☎ 03-3498-8700
🏠 涩谷区神宫前5-52-2 OVAL大楼B1F
🚇 地铁表参道站B2出口步行三分钟
🕐 11:30—22:00　🈳 无休
餐位 43　吸烟 禁止吸烟

船桥屋历

抹茶冰激凌葛粉糕

大量的抹茶味黄豆粉撒在葛粉糕上，还有许多玄米薄片，十分健康的抹茶冰激凌葛粉糕

　　船桥屋历是葛粉糕老店船桥屋为了纪念开业200周年，于平成17年（2005年）建立的。在广尾步行街，街边那些既时尚又充满个性的店铺一间挨着一间。街对面有一座充满欧洲风情的漂亮建筑物，很好地融入到了这样的环境之中，而它的二楼就是店铺的所在了。铺着木地板，整块木板制的桌子、充满设计感的木质椅子，远处的架子上展示着日式小饰品，内部的装潢风格采用了"日式BAR"的主题（BAR是指意大利等南欧国家的快餐咖啡店）。时尚的街道、时尚的店，因此客人有九成都是女性，其中以在附近的圣心女子大学上学的学生居多。

　　这些女孩子们最喜欢的便是抹茶冰激凌葛粉糕了。加入了大量香气扑鼻的抹茶味黄豆粉，再配上香草冰激凌，混合在一起，其味道真是说不出的搭配。葛粉糕和玄米薄片吃在嘴里，二者口感之间的反差令人感到愉快。三色豆寒天冻配浆果中的三色豆是指大纳言红小豆、莺豆、大手亡白芸豆这三种豆子。三种豆子带来了三种甜味，再辅以味道清淡的寒天冻，而一旁的覆盆子又带来了一次强烈的冲击。

　　在这个女性顾客占绝大多数的店内，有不少用心的细节，如桌子的下面一直备着柜子，对于总是有很多东西的女性来说绝对是件令人高兴的事情。

名校女大学生所偏爱的
时尚街上的时尚轻食餐饮店

鲜红的覆盆子放在三色豆寒天冻上，引人注目

黑豆和鲜奶油的味道意外合拍，抹茶黑豆蛋糕和豆花，配黄豆粉

宇治抹茶味的瑞士卷附带豆奶布丁。瑞士卷上撒着的是黄豆粉

木材的纹理透着柔和感以及温度感，店内环境使人感觉舒适，十分符合轻食餐饮店的感觉

菜 单

抹茶冰激凌葛粉糕	750日元	加入葛粉糕的特制豆沙水果凉粉
三色豆寒天冻配浆果	680日元	620日元
宇治抹茶味的瑞士卷附带豆奶布丁		特制糯米粉团小豆汤 680日元
	680日元	草莓糯米粉团小豆汤（冬季限定）
抹茶黑豆蛋糕和豆花配黄豆粉		720日元
	620日元	刨冰（6月中旬—9月中旬）
葛粉糕	580日元	草莓牛奶味、宇治金时、夏橙味、黑米浆味
历流生粹凉粉	580日元	各750日元

船桥屋历
船橋屋こよみ

☎ 03-5449-2784

🏠 涩谷区广尾5-17-1
🚇 地铁日比谷线广尾站2出口步行两分钟
🕐 11:00—21:00（星期日・节日营业至17:00）
🛌 无休　餐位 24　吸烟 禁止吸烟

寒天冻帕帕咖啡厅＆零售店初台店

寒天冻小豆粥

寒天冻小豆粥。寒天冻被大颗粒的红小豆馅所包围，让人很想赶快吃掉

该店是由寒天冻的专门制造商伊那食品工业（地处长野县伊那市。商品除了家庭装和商用装以外还有很多）所建立的"寒天帕帕咖啡厅"连锁第3号店。"简单加工，轻松制作"是帕帕的中心理念，也是自家公司家庭装产品的广告语。店内兼具了购物的功能，店内装潢时尚且具有开放感，让人不由得想起巴黎的咖啡店。将自家公司的产品"简单加工，轻松制作"之后，做出来的甜点味道清淡又健康。

寒天冻小豆粥里有着大颗粒的红小豆馅和店家引以为傲的寒天冻，一口咬下去，那弹牙的口感，别提多美妙了。其他还有很多口感很好的甜点，像是富含水果的新鲜水果冻这道甜点，在寒天的水果冻上放上了薄荷叶，香气诱人。冻得刚刚好的杏仁豆腐，有着独特的甜味以及顺滑的口感，这就是柔柔杏仁豆腐了。而冷寒天面则是类似冷中国风的冷面，其中又细又弹的寒天面，吃到嘴里，感觉一不小心就顺着喉咙滑下去了。

出来散步或者是回家途中的女性们，来到店里想要购买东西的时候，总是会想要选择自己喜欢的口味，所以试吃是免不了的，而在这里可以很轻松地试吃。看着阳台上那些带着小狗的太太们，聊着天，吃着甜点，有着几分巴黎风情。

吸引女性顾客的健康饮食和巴黎风情

寒天冻制造商的触角商店

(左上)店内装潢简单朴素,没有什么装饰,但是却让人有心中一暖进而安心的感觉
(右上)柔柔杏仁豆腐。杏仁豆腐的口感细腻,味道浓厚
(右下)顶端有着绿叶的杏仁芭菲色泽艳丽,味道也同样华丽多姿
(左下)先惊艳你的眼睛,再惊艳你的味蕾,让人有惊人体验的冷寒天面,请一定尝尝

菜 单

寒天冻小豆粥(热或冷)……	各500日元	富含水果的新鲜水果冻(4月—9月)	
柔柔杏仁豆腐 …………	360日元	…………	360日元
杏仁芭菲 …………	680日元	寒天冻柠檬汁 …………	380日元
冷寒天面(4月—9月)…………	680日元	寒天冻饮料(红紫苏味、黑醋味)	
寒天乌冬面(10月—次年3月)	700日元	…………	各360日元
综合芭菲…………	580日元	凉粉…………	390日元

寒天冻帕帕咖啡厅&零售店初台店
かんてんぱぱcafé&shop 初台店

☎ 03-5358-8807

🏠 涩谷区初台1-32-24

🚇 京王新线初台站南出口步行五分钟

🕚 11:00—18:30　　休 星期一　　餐位 34

吸烟 禁止吸烟,阳台可以吸烟

山茶花沙龙

少女的山茶花

山茶花家族中的招牌产品，有着可爱的名字——少女的山茶花。其中使用白葡萄酒熬煮出来的苹果，口感清爽。

店老板是一名木造文化爱好者，同时也是制作手工定制西装的裁缝。平成14年（2002年），以收购人字结构旧民居为契机，山茶花沙龙开业了。店内装潢多采用古色古香的装饰，外面是甜品店，店的深处则是老板本行的裁缝铺。头顶上富有年代感的横梁纵横交错，混凝土的地面上放着采用整木切割出桌面的桌子，裸露在墙壁外的古老柱子上挂着壁龛，店内整体风格像是南欧古都的KAABU（一种利用洞窟建成的餐饮店）一样，让人忍不住想多待一会儿。

老板的妹妹高冈明美女士和姐姐两个人都在店里工作，豆馅、糯米粉团、黑糖糖浆、红小豆的熬煮等，都是她们亲手完成的。

少女的山茶花是一种豆沙水果凉粉。其中的苹果是使用白葡萄酒熬煮出来的，轻微地带有一些葡萄酒的香味，苹果清爽的酸味再配上味道浓郁的带皮粒状红豆沙，相辅相成。抹茶配上牛奶，再打到起泡，然后再倒上打好泡的牛奶，便做出了抹茶拿铁。其柔和的甜味，即便是不太喜欢甜食的男性顾客，也十分喜爱。

碗里是满满的抹茶拿铁，一旁则是酥脆可口的年糕片

古色古香的店内充满温情
不论是食器还是菜单都有很多山茶花

独家自制的黑糖糖浆配上豆寒天，先用煎茶清理一下味觉再来享用

（右）墙上挂着旧毡帽，临近窗户的地方是西装样品。复古中透着时尚的装潢风格
（左）大概是为了凸显年代感，墙上还挂着大正时代的挂钟，上面的一些文字都已经模糊了

菜　单

少女的山茶花（豆沙水果凉粉）	500日元	蜜豆	400日元
抹茶拿铁	550日元	煎茶（附带年糕片）	350日元
豆寒天	400日元	抹茶（附带最中）	500日元
雪之山茶花（冰激凌豆沙水果凉粉）	600日元	刨冰（6月下旬—9月上旬）	
风之山茶花（葛粉切面）	500日元	草莓刨冰	300日元
雨之山茶花（凉粉）	400日元	杏子刨冰	500日元
栗名月	600日元	宇治金时	600日元

山茶花沙龙
茶廊 椿
☎ 03-3466-5491
🏠 涩谷区西原1-14-10
🚇 京王新线幡谷站南出口步行五分钟
🕙 10:00—20:00　休 星期一
餐位 15　吸烟 可以吸烟

樱子

糯米粉团红小豆

无论是做工还是造型都十分用心的糯米粉团红小豆。碗中央的碎冰块仿佛一块宝石的原石

　　店主森田享子女士在店内穿梭不停，一会儿跟这个客人轻声打招呼，一会儿又询问一下那个客人的近况。其毫不掩饰的爽朗性格，正显示出她的人品，而她亲自手工制作的甜点又有着不一样的细腻之处，那种美，让人有眼前一亮的感觉。

　　糯米粉团红小豆里，深紫色的带皮粒状红豆沙上面是五个纯白的糯米粉团，看起来就像是梅花形状的家徽放在上面一样。有着淡淡的奶油色的白豆馅，里面放着糯米粉团和淡黄色的大颗白花豆，粉红色的盐渍樱花作为点缀放在最上面，雪御膳可以说名副其实。蜜汁糯米粉团也同样十分独特，被白糖糖浆稀释过的抹茶里，漂浮着十个糯米粉团，二者搭配在一起给人带来几分凉爽。不只是外形好看，做工也十分用心，味道自然不用怀疑。因为只使用砂糖熬煮的北海道产大纳言红小豆制成的带皮粒状红豆沙要存放一段时间才会更加美味，故存放两天以后才会使用。口感筋道的糯米粉团之所以中间会有凹陷，是因为糯米粉团在煮制的过程中，周围的部分很容易先变软，为了防止这样的情况所以才特别设计成中间凹陷的形状。

　　喜欢研究的森田享子做的正餐也同样不容错过，樱花盛开的季节才会有的赏花便当也十分有人气。

做工精细、品相醉人
日式甜点的精粹

雪御膳。口感黏稠的白色豆馅，一旁是作为小菜的咸昆布，二者碰撞在一起，带来不一样的刺激感

（右上）漂浮着冰片的蜜汁糯米粉团。糯米粉团五个一组（210日元），可以随意添加

（左上）糯米粉团蜜豆上放着豆馅，水果的颜色华丽多彩，这就是糯米粉团什锦豆沙水果凉粉

（左）仿佛在自家的茶室里一般，充满家庭感的店内，可以十分安心自在地打发时间

菜　单

糯米粉团红小豆、蜜汁糯米粉团　各890日元	刨冰（黄金周开始—10月10日）
雪御膳 ················· 950日元	草莓味、蜜瓜味 ············ 各715日元
糯米粉团什锦豆沙水果凉粉　995日元	红小豆味、宇治抹茶味 ······ 各770日元
什锦豆沙水果凉粉 ········· 785日元	＊四种都附带有香草小仓冰激凌、抹茶
杏子蜜豆 ················· 890日元	冰激凌
御膳（田园、糯米粉团）年糕小豆汤	**伴手信**
··················· 各890日元	杏子蜜豆 ····················· 630日元
赏花便当（季节限定）········· 1200日元	什锦糯米粉团豆沙水果凉粉··· 745日元

樱子
樱子

☎ 03-3483-5296
世田谷区成城6-10-2 成城BANA大厦3F
小田急线成城学园前站北出口步行不远处
10:30—19:00　星期日
餐位 50　吸烟 可以吸烟

城山茶店

冰激凌豆沙水果凉粉（香草味）

冰激凌豆沙水果凉粉（香草味）里满是各色当季的水果，色彩丰富，还附带煎茶

　　城山茶店地处安静的住宅街，路面上也不常见到汽车来往。离开主街道没几步，便可以看到古朴的建筑物，拉开充满日式料理亭风情的大门，便来到了城山茶店。和外观一样，内部也是纯正的日式风格，白色的墙壁里浮现裸露的木质柱子，屋顶上铺满了怀旧的瓦片。通过大门，踩着地面上一路的铺路石，向着茶店走去，左手的池子里，鲤鱼围绕着巨石游来游去，庭院内栽种着各种花草树木，好一个纯正的日式庭院。拉开黑色的格子拉门，进入到店内，可以看到，地面上铺的是砖瓦色的瓷砖，白漆的墙壁配着褐色的柱子、裙板，还有那镶嵌在墙上的大窗户，抬起头，又可以看到，天花板上突出的粗壮横梁在头顶交错，感觉设计风格里兼具了日本的土藏风格和英国的小型山庄的风格。

　　被店内独特氛围所吸引的顾客以学生为主，其中大部分又是女性顾客。柚子茶全年供应，柚子和柠檬再加上大量的蜂蜜，温润可口，冰激凌豆沙水果凉粉（香草味）中的香草冰激凌口感也恰到好处。就这样，吃着自己喜欢的甜点，各随心意地度过美好悠闲的时光。除此以外还有很多快餐可以选择，如城山意面、菜肉烩饭等。

店面地处绿意盎然的日式庭院的一角（图片里右手边的建筑物）

二楼的座位围绕着挑空的通风井，回廊风格式的设计

（右下）凉粉上面放着切得细细的海苔丝，附带煎茶
（左下）温热的柚子茶属于柠檬水风味，最适合在午后休息时享用

菜 单

冰激凌豆沙水果凉粉（香草味）	480日元	刨冰（7月上旬—9月）	
凉粉	360日元	蜜瓜味刨冰（草莓味、柠檬味、橙子味）	
柚子茶	320日元		各320日元
豆沙水果凉粉	460日元	红小豆刨冰（牛奶味）	各420日元
豆寒天冻	380日元	**手信**	
年糕小豆汤	450日元	豆寒天冻	380日元
城山意面	640日元	豆沙水果凉粉	460日元

城山茶店
喫茶城山
☎ 03-3427-5990
世田谷区世田谷3-5-7
东急世田谷线上町站步行两分钟
10:30—18:00（星期日、节日12:00开始营业）
每月三次，不定期休息
餐位27　吸烟　可以吸烟

雪月花

抹茶

在山顶才会有的山中茶屋，喝一口抹茶，再吃一口落雁（日式干点心的一种。将米、麦、大豆、红小豆等碾成粉，混上砂糖、麦芽糖的粉末，再使用模具压制而成），那雅致的味道惊艳了味蕾

　　泷轰山作为东京23区内唯一的山谷而广为人知，而不动瀑布就流淌在这等等力溪谷（东京都名胜）的境内。不动瀑布的对面建着宝寿阁，柿葺（一种屋顶的建筑方式）的屋顶十分美丽，雪月花在这静悄悄地开业了。话虽如此，却并不是真的有店面，更多的是以露天的形式营业，在可以看到不动瀑布绿意盎然的庭院里，并排摆着五条铺有红色毛毡的长板凳，顾客们便是在这里用餐的。

　　抹茶的味道不会太浓，也不会太淡，其中的甜味带着几分雍容华贵，拿一块从京都老店进货的茶点落雁放入口中，感受着它在口腔里渐渐溶化，这是多么高雅的一种享受啊。运动流汗过后，来上一份豆沙水果凉粉，可以感觉到甜味一点点渗透到你的身体里。

　　在这里你不只是可以享受到甜点，苍松翠柏环绕，远处是瀑布的声音，还有那溪声潺潺，对眼睛和耳朵来说都是一种享受，令人流连忘返。

被流动的绿色包围
感觉仿佛能参透人生一般

远足的时候必点的套餐，热乎乎的焙茶和豆沙水果凉粉

（右上）坐在铺有红色毛毡的长板凳上品尝甜点。室外的风吹在身上，连心情都会变得好起来
（左上）盒装葛粉糕作为来等力远足者的手信是一个不错的选择
（左）肚子有点饿的时候，在这里来一份葛粉糕是个不错的选择。附带焙茶

菜 单

抹茶（附带落雁）…………	500日元	甜酒 ……………………	300日元
豆沙水果凉粉（附带焙茶）…	500日元	刨冰（7月—10月）	
葛粉糕（附带焙茶）…………	500日元	草莓味刨冰（柠檬味、蜜瓜味、红小豆味、	
夏季期间　凉粉…………	300日元	抹茶味）…………………	各500日元
柠檬水 …………………	200日元	🎁手信	
冬季期间　年糕小豆汤……	500日元	葛粉糕（一盒）…………	500日元

雪月花
雪月花

☎ 03-3705-8137

世田谷区等力　等力不动尊境内楼梯下

东急大井町线等力站步行13分钟

11:00—16:00（星期六、星期日、节日10:00开始营业）

开业期间无休（1月中旬—3月中旬雨天休息）

餐位 20　吸烟 禁止吸烟

岸 朝 子 的

"甜 点 的 乐 趣"

寒天冻是减肥的好帮手

"汲水清泷川，凉粉最味美。"——松尾芭蕉（俳句诗人）

在表现夏季的诗句里一般都会提到凉粉，凉粉从江户时代开始就受到广大平民百姓的喜爱。先将天草煮化，再把煮好的天草汁过滤，倒进方形容器里冷却，等凝固之后再把它切出来，之后使用一端有粗网眼的容器进行按压，最后从另一边压出来的就是凉粉了。在凉粉上淋上醋和酱油，撒上一些海苔，再加入一些可溶性的芥末，这就是凉粉的一般做法了。吸溜吸溜地吸进嘴里，那凉爽的口感接触到舌尖的那一刻，夏天的暑气和汗水仿佛都被它带走了一样。所以我在小的时候经常把它作为夏天的点心来吃。

文章开头所引用的芭蕉的诗句，据说是在京都嵯峨野的落柿舍逗留时所写。十分生动地描写出了，想要汲取清泷川中清澈的水来冰镇凉粉，以寻求凉爽的样子。

晒干凉粉其中的水分，反复这个工序进行加工，最后得到的就是寒天冻。换句话来说，寒天冻就是晒干了的凉粉。卡路里几乎为零，最适合用来减肥，而且食物纤维丰富，可以防止便秘，又美容养颜，还可以降低血糖和胆固醇，以及可以防止新陈代谢症候群，作为健康食品，最近在中老年人群中人气激增。至于寒天冻的食用方法，可以将它切成合适的大小，拌在沙拉里。另外，市面上也有出售食用起来十分方便的粉末状的寒天冻。

文 京 区

三四郎池

東大付属病院

台東区

不忍通り

不忍池

東京大学

本郷

旧岩崎邸
庭園

池之端
文化センター

文京総合体育館

天神下

麟翔院

湯4

本富士警察署

湯島蜜蜂

本郷三

地下鉄大江戸線

湯島天神

鶴瀬总店饮茶室

湯島駅

本郷
三丁目駅

春日通り

消防署前

湯島

黒門小

上野

本郷

湯島小

文京区

壱岐坂上

サッカー通り

三組坂上

昌平橋通り

本郷二

日本サッカー
ミュージアム

サッカーミュージアム入口

蔵前橋通り

清水坂下

妻恋坂

順天堂大

地
下
鉄
丸
ノ
内
線

順天堂医院

本
郷
通
り

神田明神

地
下
鉄
千
代
田
線

外堀通り

東京医科歯科大
附属病院

御茶ノ水駅

昌平小

外神田

中
央
線

御茶ノ水駅

湯島聖堂

神田駿河台

明治大

神田明神下

千代田区

総武線

日大病院

新
御
茶
ノ
水
駅

神
田
川

明治大

日大

ニコライ堂

神田局

根津 NEZU

千駄木二
大名時計博物館 •
谷中
根津神社入口
• 甜品店芋甚
台東区
根津
地下鉄千代田線
根津小入口
根津小 ☒
根津一
文京区
根津駅
茶房半亭
東京大学 ☒
東京大学 ☒
不忍通り
言問通り
弥生

小石川 KOISHIKAWA

☒ 筑波大
学校教育部
小石川
茗荷谷駅前
文京一中
1
竹早公園
茗荷谷駅
春日通り
播磨坂
小石川五
拓殖大 ☒
甜品店茎之花
文京区
地下鉄丸ノ内線
小日向
茗台中 ☒

本乡 HONGO

白山通り
西片
慈愛病院前
慈愛病院
地下鉄南北線
本郷局 〒
本郷郵便局前
菊坂下
Neo Sitting Room!
西片
A6
越后屋
本郷
☒ 東京大学
文京区
本郷通り
地下鉄三田線
東大赤門前
源覚寺 卍
菊坂
長泉寺 卍
小石川
清和公園
春日駅
本郷
春日駅
春日町
後楽園駅
文京区役所
シビックセンター
文京ふるさと
歴史館
本郷小 ☒
本郷三
地下鉄大江戸線
ラクーア
春日通り
地下鉄丸ノ内線
本郷四
本郷三丁目駅
3
2

1 : 10,000

茶房半亭

冰激凌糯米粉团豆沙水果凉粉

冰激凌糯米粉团豆沙水果凉粉里满载了店铺独家自制的食材以及良苦用心。须贺女士手工制作的糯米粉团好大

炸串的名店半亭地处不忍大街，面向大街的一侧，有着巨大的铁质篱笆，十分引人注目。茶房坂亭位于这栋建筑物的一楼，篱笆有一部分被切断，从而形成了一个小小的玄关，可以看到门口挂着一面小小的暖帘。负责店里的须贺丽子女士，不但态度温柔可亲，身手也十分干练，因此深受来店顾客和在店员工的喜爱。

"我们家的糯米粉团之所以会这么大，是因为做糯米粉团的手特别大的关系"，须贺女士笑着这么说。不但材料基本都由她亲手制作，她还会帮着摆盘。

冰激凌糯米粉团豆沙水果凉粉里从不使用罐装水果，只使用新鲜的水果。其中使用的是中间凹陷的糯米粉团，只有在顾客下单之后才会下锅开始煮，并且只煮需要的量，绝对不多煮。所以下单之后总是要等上一段时间，不过绝对有等待的价值，新鲜才能美味。搓进了白芝麻的糯米粉团配上浓厚的黑芝麻糊便是芝麻糊芝麻糯米粉团了。

因为黑芝麻糊的甜度控制得恰到好处，所以十分具有人气。有着香草冰激凌和芝麻糯米粉团的芝麻糊

『手大所以糯米粉团也大』因不做作而备受喜爱的店

(左)数量限定的红薯馅豆沙水果凉粉，有着糯米粉团、红薯馅，以及纯豆馅
(下)墙壁和桌子的用色都十分时尚，令人安心的日式店铺。窗户外面是不忍大街

菜　单

冰激凌糯米粉团豆沙水果凉粉 750日元	红小豆馅·················· 600日元
芝麻糊芝麻糯米粉团(春季、夏季限定)	糯米粉团蜜豆 ·········· 650日元
·················· 700日元	冰激凌年糕小豆粥 ······ 700日元
红薯馅豆沙水果凉粉 ······ 600日元	葛粉切面 ·············· 700日元
烤糯米粉团的三色沙司(秋季、冬季限定)	鳗鱼饭 ················ 1300日元
·················· 750日元	🎁手信
豆沙水果凉粉、蜜豆、豆寒天冻···各500日元	豆沙水果凉粉、蜜豆、豆寒天冻···各400日元

茶房半亭
茶房はん亭

☎ 03-3827-5317

🏠 文京区根津2-12-15

🚇 地铁千代田线根津站1或者2出口步行不远处

🕚 11:30—18:00　　休 星期一

餐位 16　吸烟 11:30—15:00禁止吸烟

甜品店芋甚
·····································

情侣冰激凌

小仓(左)和香草两种味道的情侣冰激凌。不论是哪一种都令人回想起美好的过去，带着几分朦胧感

与不忍大街相交的蓝染大街，向着谷中方向稍微步行一段路程，就会发现右手边一间有着大大的玻璃窗、兼具时尚和日式风格的店铺。为什么要给店起名为"芋甚"，这要追溯到大正初期，现任店主山田博康的曾祖父山田甚藏先生在当时主要是贩卖烤红薯，从而创立了这家店。也就是说"芋屋的甚先生"（日语的红薯写作"芋"），缩写以后就成了"芋甚"了。昭和初期，作为第二代店主的祖父开始制作冰激凌，并以此为契机，将店铺转行为甜品店。从那开始一直到现在，香草和小仓两种口味的独家自制冰激凌，一直都是店里的招牌商品。传到现任店主已经是第四代了，他在当了一段时间上班族之后，在34岁的时候继承了这家店。

情侣冰激凌就像它的名字一样，两颗冰激凌球十分亲密地并排在一起。口感爽滑的香草味冰激凌因为奶油的关系，所以会比较甜，而小仓冰激凌则完全不使用牛奶，所以红小豆的味道更加香浓。

寒天冻的口感弹牙，咸味恰到好处的红小豆也颗粒饱满，上面还放着小仓冰激凌，其诱人的美妙味道，会让人一不注意就连吃下去好几口。

不论是哪种甜点，都让人有一种怀念的味道，大概是店家将自己家的传统一直保留得很好的缘故吧。

传承『芋屋的甚先生』的心 令人怀念的昭和味道

（上）牛奶刨冰，满满地盛在玻璃杯里，多出来的部分形成了一座小山，十分有魄力
（右）咸味的红小豆和微甜的小仓冰激凌组合在一起，便成了小仓豆寒天

外带用的冰激凌最中，小仓（左）和香草味。人气商品

明亮的店内色调以褐色为主，面向蓝染大街的一侧有着巨大的落地窗

菜 单

情侣冰激凌	260日元	草莓味刨冰（柠檬味、蜜瓜味、糖水）	
小仓豆寒天	450日元		各370日元
小仓（香草味）冰激凌双重	各260日元	红小豆刨冰（可尔必思、小仓）	各450日元
豆沙水果凉粉、蜜豆	各370日元	**手信**	
冰激凌年糕小豆粥	420日元	冰激凌最中（香草味、小仓）	各110日元
刨冰（5月下旬—9月下旬）		豆沙水果凉粉、蜜豆、豆寒天	各350日元
牛奶刨冰	450日元	凉粉	300日元

甜品店芋甚
甘味处 芋甚

☎ 03-3821-5530
🏠 文京区根津2-30-4
🚇 地铁千代田线根津站1出口步行五分钟
🕐 11:00—9:00　🈺 星期一
餐位 18　禁止吸烟

鹤濑总店饮茶室

小仓豆沙水果凉粉

小仓豆沙水果凉粉，口感顺滑的店家独家自制的小仓冰激凌摆在容器的正中央，俨然一副主角的样子

　　鹤濑总店因制作进献给汤岛天神的点心而为人们所熟知，它位于不忍池附近，自昭和5年（1930年）开业一直到今天，红小豆大福和红豆年糕都是店里最有人气的商品，这一点从来没有改变过。在饮茶室里，有着豆沙水果凉粉等各种甜点，另外还有红豆糯米饭、杂煮、年糕等快餐食品，可谓品种丰富。每天早上开始一直到14点左右，石臼就忙个不停，一直要用来捣制年糕，以便满足制作各种甜点的需求。红豆糯米饭便当也是当天制作，全部都尽量保证新鲜，这正是店家最吸引顾客的地方。

　　不愧是有着悠久历史的日式点心老店，从一大早开始，店铺深处的工厂便忙活了起来，制作各种带馅日式点心、豆馅、年糕、红豆糯米饭等原材料，之后又要开始制作各种甜点。其中起到关键作用的豆馅，是先将北海道十胜产的大颗粒最高级红小豆经过一番熬煮，再加入粗糖，最后放置一晚，每一个步骤都很关键，正因为掌握了这些窍门，所以才能做出人们吃到的好味道。

　　带皮粒状红豆沙才有的大颗粒红小豆，很好地保存了红小豆最原始的味道和香味，很想在豆沙水果凉粉、年糕小豆汤、年糕小豆粥里一尝它的味道。以豆沙水果凉粉来举例，虽然小仓豆沙水果凉粉中作为主角的小仓冰激凌有着美妙的回味，但是其他作为配料的杏子、糯米粉团等，也同样让人期待。

很久以来凭借红豆大福为人们所熟知的店
大颗粒的豆馅因为有窍门所以更加香气扑鼻

(上)栗子年糕小豆粥,里面除了有年糕,还加入了大颗的栗子,吃起来十分有饱足感
(左)拥有大量男性粉丝的红豆糯米饭便当,红豆糯米饭配上时令的食材,色泽艳丽
(左下)鸡蛋杂煮虽然看起来有几分清淡,但实际上味道十分有层次感
(下)店内整洁雅致,还带着几分时尚

菜单

小仓豆沙水果凉粉	610日元	鸡蛋杂煮	630日元
栗子年糕小豆粥	610日元	刨冰(6月中旬—9月)	
糯米粉团小豆粥、田园年糕小豆汤	各580日元	宇治金时	630日元
辛味年糕	580日元	**手信**	
抹茶套餐	540日元	豆沙水果凉粉	410日元
红豆糯米饭便当	780日元	糯米粉团小豆粥	420日元

鹤濑总店饮茶室
つる瀬本店 喫茶室
03-3833-8516
文京区汤岛3-35-8
地铁千代田线汤岛站4出口步行不远处
10:00—21:00　无休
餐位27　吸烟 可以吸烟

汤岛蜜蜂

小仓冰激凌特别版

经过严格挑选的素材所制作出来的小仓冰激凌味道格外浓郁，有纯冰激凌版以及制作成最中的特别版（照片为最中特别版）两种

　　汤岛蜜蜂开业于明治42年（1909年），并且从开业时就开始了当时还很少见的冰激凌的制作和销售。一次偶然，工作人员将卖剩下的红小豆忘在了制作冰激凌的机器里，等第二天早上想起来的时候，已经被做成了红小豆的冰激凌。试着拿出去作为商品来出售，没想到受到了爆发性的好评，一时之间风靡全日本。

　　汤岛蜜蜂开在天神下十字路口附近，店门口面向春日大街，里面出售名商品小仓冰激凌，此外还有各种甜点，店铺里面还有供顾客休息的茶室。在这里，年糕小豆汤、豆沙水果凉粉等各种茶点该有的一样都不少，当然还有很多由名商品小仓冰激凌衍生出来的甜点。除此以外还有多种独特的新面孔登场。例如，冰激凌和混合了黑白两色芝麻的豆馅制成的单色冰激凌，以及将寒天冻、冰激凌、豆馅一起放在看起来像是沙漠的黄豆粉上所组成的撒哈拉等。桌上常年配备味道浓厚、气味香醇的店家特制黑糖糖浆，随顾客按照自己的喜好添加，可以说是十分豪爽。

因为一场小意外而诞生的
元祖小仓冰激凌一直延续至今

（左）含有大块杏肉的杏子豆沙水果凉粉，可以根据喜好选择添加冰激凌或者糯米粉团

（右下）在黄豆粉组成的"撒哈拉沙漠"的衬托下，两种冰激凌显得更加光彩夺目，是冰激凌豆沙水果凉粉的全新版本

（左下）豆沙水果凉粉、浓厚的黑糖糖浆等，多种富有人气的手信

因为并不是只会做表面功夫的店铺，所以桌上摆着的黑糖糖浆用多少都不用觉得不好意思

菜　单

小仓冰激凌特别版	420日元	刨冰（6月—9月）	
杏子豆沙水果凉粉	580日元	红小豆刨冰	600日元
撒哈拉或单色冰激凌	各600日元	**手信**	
杏子豆沙水果凉粉＋小仓冰激凌糯米粉团		小仓冰激凌（六个一组）	1350日元
	680日元	豆沙水果凉粉	420日元
年糕小豆粥、田园年糕小豆汤	各530日元	黑糖糖浆	900日元

汤岛蜜蜂
湯島みつばち

☎ 03-3831-3083

住 文京区汤岛3-38-10
交 地铁千代田线汤岛站4号出口步行不远处
营 10:00—21:00　休 无休
餐位 25　吸烟 可以吸烟

Neo Sitting Room! ★

奇怪版年糕小豆汤

正如奇怪版年糕小豆汤的名字一样，实在看不出是年糕小豆汤。红色的枸杞摆放得像是一朵绽放的花朵

　　玄关的大玻璃拉门上是粗大的格子框，天花板上铺满了隔热材料，还有露在外面的横梁。这是一栋昭和时代的建筑，将原本是两间连着的长屋中的一间改建成了现在的店面，店内充满了怀旧风情。店名主要是想表达，将昭和时代的甜品店重新以现代的风格进行改造升级这样一个意愿。

　　临近东京大学正门，从本乡大街到邮政局前面有一条向西延伸的道路，稍微进入小巷没多远，便是这家店的所在了。店内总是充满了正在交谈的东京大学的学生、老师、职工，十分热闹。

　　奇怪版年糕小豆汤使用了白芝麻和牛奶来制作汤汁。年糕上放着红薯金团，最上面是鲜红色的枸杞，因其柔和的口味以及柔和的色泽为女性顾客所喜爱。草莓味的绵绵泡芙的造型宛如一朵粉红色的花一般，十分可爱，在它的里面还藏着蛋奶布丁以及豆馅，在吃掉最上面的糯米粉团之后，完全可以一大口咬住，豪爽地品尝。蜜豆有白、绿两种颜色，寒天冻则有独家自制的红葡萄酒、白葡萄酒、薄荷甜香酒三种口味。

★ 系店铺原名。——译者注

充满昭和时代怀旧风情的店
使用全新素材创造出甜点的新味道

（上）因为是绵软的泡芙，所以就叫绵绵泡芙（照片中为草莓味），附带抹茶
（左上）有三种颜色的寒天冻和两种颜色的豆子，稍显奢侈的蜜豆。豆馅、寒天冻、豆子都是独家自制的
（左中）淋上巧克力酱的意式冰激凌被夹在刚炸好的面包里，这就是炸面包冰激凌
（左下）店内的天花板和墙上纸拉门的窗户，无一不残存着昭和时代民居的余温

菜 单

奇怪版年糕小豆汤（热）	680日元	热（冷）年糕小豆汤	各630日元
绵绵泡芙（草莓味）	430日元	冷奇怪版年糕小豆汤	680日元
蜜豆	550日元	抹茶牛奶	热的580日元，冷的630日元
炸面包冰激凌	520日元	刨冰（7月—9月）	
绵绵泡芙（原味、抹茶味）	各420日元	蕨菜糕刨冰	650日元
绵绵泡芙（艾草味）	430日元	🎁手信 各种绵绵泡芙	380日元起

Neo Sitting Room!
Neo Sitting Room！
☎ 03-5842-8280
🏠 文京区本乡5-30-2
🚇 地铁丸之内线本乡三丁目站2号出口步行八分钟，又或者都营大江户线本乡三丁目站3号出口步行七分钟
🕙 11:30—21:00（节日营业至19:30）
休 星期日　餐位 20　吸烟 禁止吸烟

越后屋

红小豆冰激凌

从大正时代就一直支撑着越后屋的招牌商品，红小豆冰激凌

　　从本乡大街一直往西北方向向前而行，便来到了日本近代著名女作家樋口一叶的旧居所在地菊坂。在那个坡道尽头的左手边便是我们要找的越后屋了。白色的暖帘上用墨汁写着"越后屋创立于明治10年本乡菊坂"，店内的装修风格十分亲民。

　　明治初期，从新潟徒步上京的第一代店主在当地开起了店，开始了出售青果的营生。大正末期，第二代店主购入了阿摩尼亚式冷冻机，开始在家里自己制作小仓冰激凌，从那以后便成了当地唯一的甜品店，盛极一时。到现在第三代店主太田泰先生，以及他的妻子和女儿，每天5点一过便起床开始做准备，从原材料开始做起，制作出来的手工甜点都精益求精。

　　越后屋的招牌商品是从大正时代开始就深受人们喜爱的红小豆冰激凌。将香草冰激凌和豆馅，以及水果混合在一起制成的冰激凌，夹在两片烤制而成的外壳里，便制成了红小豆冰激凌，分量十足到可以代替正餐的地步。配合季节，总是有十种以上的手工制作的年糕类点心，造型上毫不做作，全部都是如你所料的味道，让人有一种安心感。

不辞辛苦，手工制作的甜点
从很久以前开始就是一家人团结的味道

除了香草冰激凌和水果，其他配料都是手工制作的冰激凌豆沙水果凉粉

（左）店家引以为傲的手工制作日式点心，从前排左边开始分别是，道明寺、红小豆大福、黄莺、鹿乃子
（右下）店内的样子，比起甜品店，更像是一个快餐店
（左下）第三代店主夫妇（左边的两位）以及工作人员。大家都很能干

菜　单

红小豆冰激凌 …………… 220日元	宇治抹茶刨冰 …………… 400日元
冰激凌豆沙水果凉粉 …… 500日元	糯米粉团刨冰 …………… 530日元
豆沙水果凉粉、蜜豆 ……… 各400日元	**手信**
田园（御膳）年糕小豆汤…… 各500日元	红小豆冰激凌最中…… 大的150日元，
糯米粉团红小豆（毛豆）… 各450日元	小的110日元
刨冰（6月中旬—9月）	豆沙水果凉粉、蜜豆 …… 各400日元
草莓味刨冰（柠檬味、蜜瓜味）各350日元	各种饼点心……… 一个100～150日元

越后屋
ゑちごや

☎ 03-3812-7490

🏠 文京区本乡4-28-9

🚇 地铁都营三田线春日站A6出口步行四分钟

🕐 11:00—18:00

🚫 星期一（如果是节日的话则营业）

🪑 餐位20　🚬吸烟 可以吸烟

甜品店茎之花

糯米粉团冰激凌豆沙水果凉粉

糯米粉团冰激凌豆沙水果凉粉。糖浆不是最后加，而是一开始就加在里面了

　　店主坂本信二先生在辞去上班族的工作之后，就去了日本桥人形町的老店初音进行学习，然后于平成4年（1992年）创建了茎之花。从那以后，他与妻子相互扶持和帮助，从品质的管理到甜点的制作，严格把关每一个细节。茎的作用主要是把根从大地里汲取的养分输送到枝叶上，这样才能开出美丽的花朵；而对一家甜品店来说，客人就等于大地，只有搬运好从客人那里汲取来的营养，才能够创造出美味的甜点。因为有这样的想法，所以店主将店起名为"茎之花"。

　　糯米粉团冰激凌豆沙水果凉粉中的豆馅，采用的是初音流派的豆馅，再通过手握制成。香草口味的冰激凌，与豆馅相融合，其清爽的口感和柔和的甜度，在舌尖如花般绽放。热乎乎的小米年糕小豆粥属于10月至次年4月限定，朴素的味道却带给人力量，十分适合在天冷的时候食用，小米的风味也让人期待。

　　这里远离车站，实在算不上什么商业地段，长时间以来都是在这样的地方努力苦战支撑着这家店的是有着清爽口感味道却层次丰富的杂煮。把利尻岛产的昆布浸泡一晚，第二天一早再用火熬煮一个半小时，十分费工夫。然后再加入鲣节继续熬煮汤汁，最后使用粗盐以及酱油进行调味，最终做出来的汤底清澈透明，味道却一点都不单薄。用这样的汤汁做出来的杂煮，不论是过去还是现在，都是店里最受欢迎的商品。

清爽的豆沙馅，几乎将小米年糕整个淹没的小豆粥，这就是这家店的小米年糕小豆粥

以汤汁决定胜负的杂煮。店里台柱子一般的存在

『认真是理所当然的』以此为信条
抓住了无数回头客的舌头和心

充满日式风情，简单朴素且十分整洁的店内

抹茶冰激凌豆沙水果凉粉中使用的抹茶糖浆和一般点心中所使用的不一样，采用的是茶道练习用的抹茶

菜单

糯米粉团冰激凌豆沙水果凉粉…790日元	刨冰（6月—9月）
小米年糕小豆粥（10月—次年4月）	草莓味刨冰（蜜瓜味、糖水）…各490日元
……………740日元	红小豆刨冰…………………650日元
抹茶冰激凌豆沙水果凉粉 … 760日元	宇治金时 ………………… 720日元
御膳年糕小豆汤 ……… 690日元	**手信**
小仓年糕小豆汤 ……… 720日元	豆寒天、蜜豆、豆沙水果凉粉
蜜豆、豆沙水果凉粉 ……… 各640日元	……………各490日元
煮红小豆……………………640日元	杏子豆沙水果凉粉（蜜豆）…各660日元
鸡丝面杂煮………………790日元	小仓糯米粉团 …………… 680日元

甜品店茎之花
甘味处 茎の花

☎ 03-5684-3472

🏠 文京区小石川4-21-2

Ⓜ 地铁丸之内线茗荷谷站1号出口步行五分钟

🕙 11:00—18:00（星期日、节日营业至17:30）

🚫 第二和第四个星期一

餐位 23　吸烟 禁止吸烟

地域不同，名字也会跟着不同的年糕小豆汤

　　将红小豆煮得软软的，然后加上砂糖，最终制作成豆馅，再将烤好的年糕或者糯米粉团加入其中，便做成了年糕小豆汤。因为年糕小豆汤早在江户时代中期至末期就已经广为流传，所以成了甜品店里必不可少的成员。过去，我在赤坂的店里点年糕小豆汤的时候常被问到"是要带皮粒状红豆沙还是要纯豆沙馅"。保存了红小豆的颗粒感的叫作田园年糕小豆汤，而使用纯豆沙馅的则被叫作御膳年糕小豆汤，这是属于关东的叫法。

　　店里的老板娘曾经抱怨过"现在的人，就算你问他是要田园还是御膳，他们也听不懂"，这让人觉得很不可思议。我之后才知道，原来关西的人竟然单把纯豆沙馅年糕小豆汤称呼为"年糕小豆汤"，而把带皮粒状红豆沙年糕小豆汤叫做"年糕小豆粥"。在关东，年糕小豆粥指的是在年糕上浇上浓厚的纯豆沙馅的食物。煮红小豆则是把红小豆稍微煮过，我很喜欢红小豆这种朴素的味道。

　　红小豆富含淀粉、植物蛋白以及维生素B1，此外还含有大量的铁等矿物质，食物纤维也很丰富。我听学生时代的朋友说过，她的老家开着早在江户时代就存在的老店，每个月的1日和15日都有煮红豆糯米饭的习惯。春分的时候要吃牡丹饼，秋分的时节则要吃荻饼。过去的人很清楚，红小豆可以预防多种疾病。

丰岛区

北区

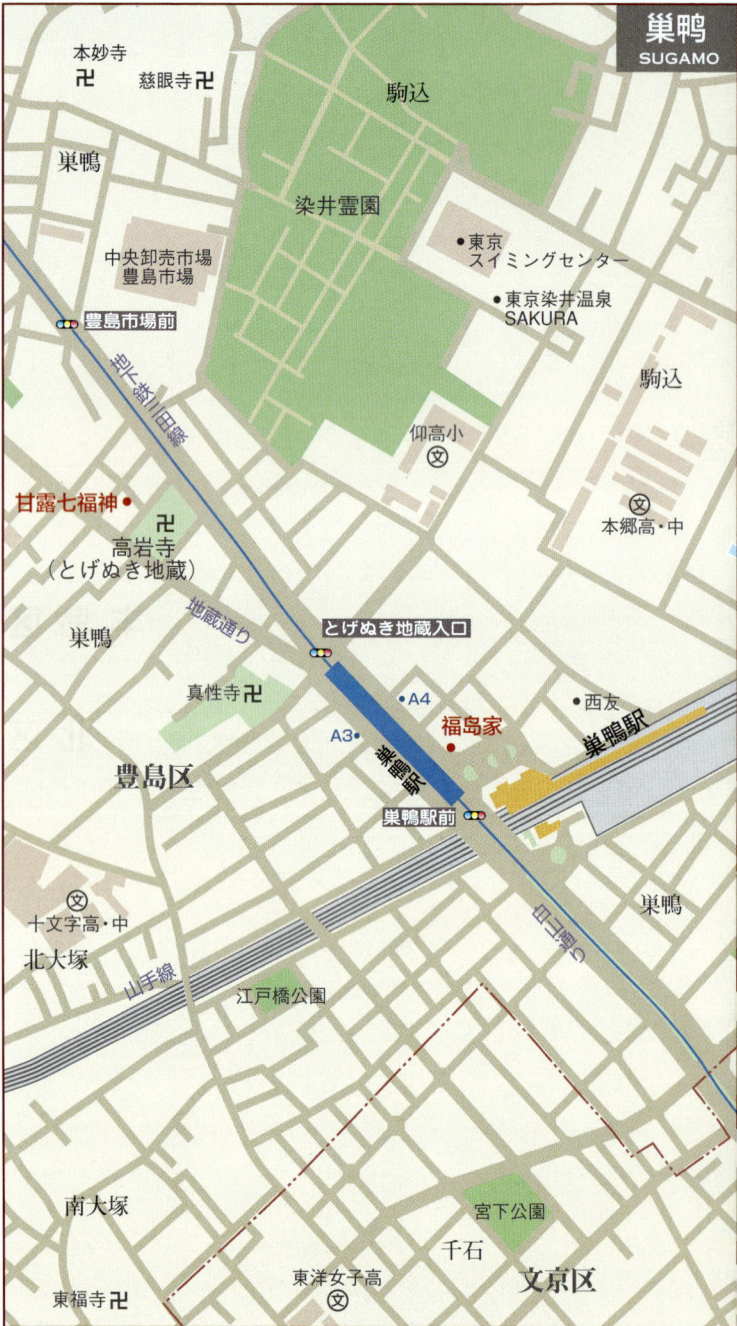

本妙寺 卍　慈眼寺 卍

駒込

巣鴨

染井霊園

中央卸売市場
豊島市場

東京
スイミングセンター

東京染井温泉
SAKURA

豊島市場前

埼北鉄道三田線

駒込

仰高小

甘露七福神

高岩寺
（とげぬき地蔵）

本郷高・中

地蔵通り

巣鴨

とげぬき地蔵入口

真性寺 卍

A4

福島家

西友

A3

巣鴨駅

巣鴨駅前

豊島区

十文字高・中

巣鴨

北大塚

メトロ通り

山手線

江戸橋公園

南大塚

宮下公園

千石

文京区

東洋女子高

東福寺 卍

池袋
IKEBUKURO

池袋局前
ロサ会館
西池袋
西口五差路
池袋三原堂
新線池袋駅
東武池袋駅
東武東上線
地下鉄丸ノ内線
池袋駅
東武
地下鉄有楽町線
東京芸術劇場
メトロポリタンプラザ
山手線・埼京線
豊島区
西武
西武池袋駅

目白
MEJIRO

豊島区
目白
草苑保育専門学校
目白志村
目白三
リッチモンドホテル
目白通り
目白デザイン専門学校
新宿区
下落合
目白駅前
目白駅
ホテルメッツ目白
川村学園
山手・埼京線
学習院大

王子
OJI

北区
王子
北とぴあ
地下鉄南北線
岸町
石鍋商店
京浜東北線
東北・上越新幹線
王子駅
順天高
王子神社
王子本町
北区役所第二庁舎
音無橋
石神井川
滝野川
飛鳥山公園
都電荒川線

十条
JUJO

王子区民事務所分室
十条仲原局
埼京線
十条仲原
糕饼点心店
不倒翁屋
北区
十条銀座
十条銀座東通り
十条仲通り
岸病院
十条駅
十条通り
十条駅入口
王子五小
上十条

1：7,000

0   100m

地图上端为正北方向

121

福岛家

抹茶套餐

抹茶套餐里的上等带馅日式点心传达着这家店铺的悠久历史。图片中的牡丹是5月限定款,品种每月更换

《日式点心雏形》这本书是福岛家代代相传的宝贝。书里记载了数百种日式点心,包括点心的形状、花纹,以及各自的名字都有清楚详细的记载。里面还附带了"庆应三年福岛家"的内容,如书中所记载,文久3年(1863年),福岛家的第一代店主福岛弥三郎创建了这家店,之后又在庆应3年(1865年)编纂了这本书。

继承创立者的创新精神以及热情,加上加倍的努力和用心,所创造出来的上等带馅日式点心可以在抹茶套餐中品尝到。上等带馅日式点心根据季节的变化,每月都会更新一次,一般这样的点心有大约十种,还有五种是常年都有的,加起来一共有15种口味。不论哪一种都没有添加过防腐剂,是十分接近纯天然的食品。

冠以当地的旧町名的染井樱花豆沙水果凉粉,其中有加入了樱花花瓣的樱花寒天冻以及有着樱花风味的樱花糖浆,使用了樱花的花和叶,对樱花进行了最大限度的利用。吃下去仿佛可以看到樱花烂漫的景色,甜点的色、香、味、形都体现出了樱花盛开季的感觉。

过了眼前的白山大街,向右边走,就到了巢鸭地藏大街的商店街。在参拜神社的日子,店里会多出不少年轻的顾客。

把初代编纂的日式点心册子视为珍宝
坚守自然与手工制作

(左)大块的蕨菜糕，口感弹牙有嚼劲
(下)染井樱花豆沙水果凉粉，从创业开始就是福岛家的招牌产品

(上)三种手信。最靠近手边的是豆沙水果凉粉，在它的左边是糯米粉团豆沙水果凉粉，远处的那个是糯米粉团年糕小豆粥
(右)宽敞的店铺，里面的楼梯可以通向二楼的甜品店。即便是工作日，顾客也络绎不绝

菜单

抹茶套餐	650日元		年糕小豆汤	650日元
染井樱花豆沙水果凉粉	700日元		杂煮	680日元
蕨菜糕	650日元		矶边卷	680日元
糯米粉团豆沙水果凉粉(蜜豆)	各680日元		🎁手信	
栗子豆沙水果凉粉	700日元		豆沙水果凉粉、糯米粉团豆沙水果凉粉	
小米年糕小豆粥	750日元			各420日元
豆寒天	550日元		糯米粉团年糕小豆粥	450日元

福岛家
福島家

☎ 03-3918-3330
🏠 丰岛区巢鸭2-1-1
🚇 JR山手线巢鸭站北出口，又或者地铁都营三田线巢鸭站A4出口步行不远处
🕐 9:30—20:00　🈲 每个月三次星期一不定期休息
餐位 90　吸烟 可以吸烟

123

甘露七福神

咸味豆沙水果凉粉

咸味豆沙水果凉粉里不但有杏肉和切成小片的无花果，还有两种口味的糯米粉团（原味和抹茶）以及牛皮糖，这些都是店主手工制作的

　　店门两旁挂着瓦斯灯风格的路灯，店门不大，但是却有几分时尚。这家店是高岩寺范围内的人气聚集点，因为到洗观音（寺庙）只需要步行一分钟，所以周围总是很安静。

　　作为日本第一家养生食品（根据当地当季的食材，配合自己的身体状况，选择适合自己的食物的一种料理方法）的甜品店，开业于平成16年（2004年）。店主田中之江先生把白砂糖、人工甜味剂、奶制品、鸡蛋和食用色素全部都用上，再加上甜菜糖、豆奶、符合有机种植要求的红小豆、粗粮、水果、茶等各种有机食材来手工制作甜点。其中集大成者同时也是店里最有人气的甜点，就是咸味豆沙水果凉粉。咸味豆沙水果凉粉使用了小笠原产的纯天然海盐，以及北海道产的无农药技术栽培的红小豆熬煮而成的豆馅，又使用了伊豆七岛产的天草制成的无漂白寒天冻，还使用甜菜糖熬煮出最好的糖浆。里面的豆奶冰激凌，口感细腻顺滑，感受冰激凌在舌尖上一点点溶化，实在是一件愉快的事情。

　　此外还有小米年糕小豆粥、玄米甜酒，以及可以随便续杯的三年番茶等。你可以深切地感受到，什么叫作"对身体有好处的，也是身体喜欢的"。

将『天人合一的食物』这一点发挥到极致 对身心来说都可以算是甘露的甜点

(右上)添加了枸杞和松子的小米年糕小豆粥。其味道甜而不腻
(左上)附带生姜末的玄米甜酒，很适合过去女学生的清爽口感
(左)豆奶冰激凌有抹茶味(靠前)和香草味(靠后)两种口味
(下)店内装饰着各种小的装饰品，环境整洁，纯正的日式风情

菜 单

咸味(甘露)豆沙水果凉粉 …… 各850日元	刨冰(6月—9月)
小米(糯米粉团)年糕小豆粥…各850日元	抹茶刨冰(抹茶糖浆)………… 780日元
玄米甜酒 ……………………… 540日元	甘露刨冰(甜菜糖的糖浆)…… 780日元
豆奶冰激凌(含两种口味)…… 650日元	手信
田园(御膳)年糕小豆汤…… 各780日元	咸味(甘露)豆沙水果凉粉…各700日元
甘露豆沙水果凉粉 ………… 600日元	小米(糯米粉团)年糕小豆粥
凉粉…………………………… 540日元	………………………………… 各800日元
纯果汁 ……………………… 540日元	凉粉…………………………… 500日元

甘露七福神
甘露七福神

☎ 03-5394-3694
🏠 丰岛区巢鸭3-37-5
🚉 JR山手线巢鸭站北出口步行七分钟，或地铁都营三田线巢鸭站A3出口步行五分钟
🕚 11:00—18:00　休 星期四
餐位 20　吸烟 禁止吸烟

池袋三原堂

冰激凌豆沙水果凉粉

水果和冰激凌都很大个儿的冰激凌豆沙水果凉粉。豆沙水果凉粉类基本使用的是纯豆沙馅

　　昭和12年（1937年）从水天宫的总店分设出来，开业以来一直都秉承着"独家自制"的理念，代代都采用手工制作。其认真的态度广受顾客喜爱，就连著名侦探小说家江户川乱步也在他的小说中写到过，"这家店即便是在池袋的名店中也是阳光一般的存在"。独家自制的信念到今天还在传承着，除了水果以外，其他食材基本都是在地下的工厂自己生产制作的。一楼是日式点心的店面，二楼是甜品店。制作好的材料要送去三楼的厨房进行再加工。第三代店主是斋藤贵俊先生，他会亲自去厨房，对食材的挑选和点心的制作都进行严格把关。

　　独家自制的带皮粒状红豆沙和牛皮糖，再通过蒸往里面添加咸味。配料包含了红小豆以及六种新鲜水果，不可说不豪华，豆沙水果凉粉里使用的黑糖糖浆也是独家自制，原材料使用的是冲绳产的黑糖。豆馅糯米粉团，十颗糯米粉团围绕着带皮粒状红豆沙，摆盘方式十分新颖。带皮粒状红豆沙很好地保留了红小豆最原始的特色。气味芬芳的小米年糕小豆粥还附带有独家自制的凉粉，这份关心甜食爱好者的细心让人不得不感动。

贯彻『独家自制』的信念
就连作家江户川乱步都曾在小说里提到这里

（左上）可爱的造型让人不忍心下手，满满一碗红豆馅糯米粉团
（左中）味道扎实的小米年糕小豆粥，再配上口感爽滑的凉粉，简直就是绝配
（左下）淋上大量抹茶的刨冰，上下都是带皮粒状红豆沙宇治金时

面向大街的一侧采用了落地式大玻璃窗，给店内引进了足够的自然光

菜 单

冰激凌豆沙水果凉粉	735日元	凉粉	473日元
豆馅糯米粉团	660日元	刨冰（全年）	
小米年糕小豆粥	680日元	宇治金时	680日元
田舍（御膳）年糕小豆汤	各660日元	糯米粉团刨冰	578日元
冷年糕小豆汤	630日元	🎁手信	
蜜豆	525日元	豆沙水果凉粉、豆寒天	各452日元
葛粉切面	704日元		

池袋三原堂
池袋三原堂
☎ 03-3971-2070
🏠 丰岛区西池袋1-20-4
🚇 JR池袋站西出口步行两分钟
🕐 11:30—20:00　休 无休
餐位 37　吸烟 禁止吸烟

目白志村

鲜草莓刨冰

鲜草莓刨冰，仿佛被夕阳染红的冰壁。刨冰的口感绵柔，很容易就会在舌尖化开

　　昭和16年（1941年）开业，昭和20年（1945年）在沿着目白大街的这里设立了店面。因为临近学习院大学，学生时代的浩宫德仁（日本皇太子）以及川岛纪子（秋筱宫妃）也时不时会来到这里。从开业以来就十分有名的九十九饼、在年轻人中十分有人气的鲜草莓刨冰，不论是甜点还是正餐，"家的味道"都十分重要。

　　鲜草莓刨冰仿佛一块巨大的北极冰壁一样，魄力十足。如同悬崖峭壁般的那一面，因为鲜草莓的关系，被染成了鲜艳的红色。感觉吃的时候，一个不小心就会引起"坍塌事故"，必须要好好思考一番才能下手。相对的，九十九饼则是一种令人怀念的温柔味道。使用大量全蛋制作的牛皮糖，将熬煮了三天的虎豆搓揉到其中，再撒上无糖的黄豆粉。

　　天一亮，店铺里就开始忙个不停，独家自制的红豆糯米饭，配上各种零食点心以及味噌汤的红豆糯米饭便当也很值得推荐。

充满手工制作感觉的
年轻又温柔的味道

特制抹茶豆沙水果凉粉，里面加入了大量饱含茶香的寒天冻

和煎茶一起享用的九十九饼，因为煎茶的关系，九十九饼的味道更加柔和了

（上）配菜的种类繁多，量也相当足，不论女性顾客还是男性顾客都十分喜爱的红豆糯米饭便当
（左）沿着目白大街，一楼是店铺，二楼和三楼是充满家庭气氛的甜品店

菜　单

九十九饼（附带煎茶）………	610日元	牛奶糖刨冰 ………………	650日元
特制抹茶豆沙水果凉粉 ……	750日元	宇治金时 …………………	800日元
蜜豆 ………………………	550日元	🎁手信	
御膳（田园）年糕小豆汤……	各650日元	抹茶（小仓）冰激凌 ………	各231日元
黑糖寒天冻 ………………	500日元	蜜豆 ……………………	347日元
红豆糯米饭便当 …………	850日元	豆沙水果凉粉 ……………	399日元
刨冰（5月黄金周—9月秋分）			
鲜草莓刨冰 ………………	750日元		

目白志村
目白 志むら
☎ 03-3953-3388
丰岛区目白3-13-3
JR山手线目白站步行两分钟
10:30—18:30（节日营业至17:30）
星期日　餐位 56　吸烟 可以吸烟

石锅商店

久寿饼

卖相看起来似乎有点杂乱无章，老店工匠技术与心血的结晶而成的久寿饼，传达了浓浓的江户风味

　　诞生于江户的食物很多，久寿饼就是其中的一种。小麦粉中的淀粉经过长时间的发酵，再做成饼状蒸成形，和甜酒一样，也是江户平民中的人气美食。将这个传统工艺一直传承下来的是开业于明治20年（1887年）的石锅商店。王子一带从过去开始就是江户为数不多的娱乐场所，料理店和茶店都很多，石锅商店大概是这些店里面久寿饼和寒天冻制作得最好的一家。

　　久寿饼的淀粉要经过两年时间的漫长发酵，为了减少发酵产生的酸味和臭味，发酵期间的照看可马虎不得，总而言之，制作过程十分耗费时间。话虽如此，平成18年（2006年）店铺翻新以后，依旧保留着传统的制作工艺，就连使用木桶来发酵这一点都没有变过。因为容易消化，并且富含维生素E，久寿饼最近开始作为健康食品受到了人们的重视。刚做出来的久寿饼口感弹牙，一定要尝一尝。

　　除此以外，还有使用天草制作的寒天冻和使用西红柿或菠菜着色的手工制作的牛皮糖。石锅商店的产品都很健康，完全可以安心地享用。

工序和技术缺一不可
传承江户名产味道的手工制作点心

口感筋道的独家自制寒天冻，配上颗粒饱满的红小豆，制成咸度恰到好处的豆寒天

（左）店内架子上排列着久寿饼等各种手信，里面摆着简朴的椅子和桌子
（右下）美味又通透的海苔风味凉粉吃起来十分清爽
（左下）豆沙水果凉粉的口感也同样十分清爽，做工简朴

菜 单

久寿饼	400日元	酒馒头	150日元
凉粉	370日元	栗子蒸羊羹	180日元
豆沙水果凉粉、豆寒天	各470日元	水羊羹	150日元
冰激凌豆沙水果凉粉	570日元	甜酒	250日元
蜜豆	420日元	手信	
冰激凌蜜豆	520日元	久寿饼（两人份）	500日元

石锅商店
石鍋商店
☎ 03-3908-3165
🏠 北区岸町1-5-10
🚃 JR京滨东北线王子站北出口步行三分钟，或地铁南北线王子站3号出口步行三分钟
🕘 9:00—17:00　🈺 星期日
🍴 餐位 16　🚭 吸烟 禁止吸烟

糕饼点心店不倒翁屋

宇治金时

使用天然冰制作的刨冰，吃在嘴里丝绸一般的质感。在宇治金时里，你可以同时品尝到豆馅的甜和抹茶的苦

十条站对面，南北方向延伸的十条银座，充满了平民区的情调，有着热闹的商店街。自昭和22年（1947年）起，不倒翁屋便在这里营业了，是当地评价最高的日式点心店。门面的柜台里总是摆放着豆大福和丸子等30种商品，从早到晚客人络绎不绝。在店内除了有豆沙水果凉粉、年糕小豆汤这种必备甜点以外，第二代店主河田善敬先生独辟蹊径尝试使用天然冰来制作刨冰，没想到大受欢迎。

用天然水制作天然冰，天然的溪水或者泉水不但水质好，而且还要环境足够寒冷，符合这样条件的在全日本也就是秩父、日光、轻井泽等几个地方，而且产量也不多。所以在东京都内使用天然水的只有这家店。

如此珍贵的天然冰，在店里竟然一年四季都可以品尝到。在制作刨冰的过程中，店家更是下了一番功夫，刨出来的冰好像丝绸一样薄，一碰到舌尖便溶化开来。从常见的蜜瓜味、草莓味刨冰到少见的甜酒刨冰，刨冰的品种十分丰富。

如果是第一次尝试这种刨冰的话，首推还是有着大量豆馅和抹茶的宇治金时了，保证可以很好地品尝到天然冰的柔和口感。

天然冰的刨冰在嘴里溶化的感觉难以形容

这真的如同春天的细雪，又像是丝绸一般

(右上)冰激凌豆沙水果凉粉，表面看起来没什么特别，但是各种素材之间相辅相成，形成绝美的味道

(左上)当地人从很久以前就一直很喜爱的丸子，从近处开始分别是酱油、豆馅、御手洗三种

(左)据说可以拉得很长的年糕被包裹在海苔里的矶边卷

(下)店内装潢亲民，无论是谁都可以毫无负担地进去

菜 单

冰激凌豆沙水果凉粉	520日元	凉粉	315日元
丸子(三种各一串)	各90日元	刨冰(全年)	
矶边卷	480日元	宇治金时	770日元
蜜豆	400日元	甜酒刨冰	620日元
田舍年糕小豆汤	550日元	🎁手信	
冰激凌年糕小豆粥	500日元	豆沙水果凉粉	315日元

糕饼点心店不倒翁屋
だるまや餅菓子店

☎ 03-3908-6644

🏠 北区十条仲原1-3-6 十条银座

🚇 JR埼京线十条站步行三分钟

🕐 10:00—19:00

🛌 星期二不定期休息

餐位 28　吸烟 可以吸烟

健康的日本传统甜点

蜜豆的热量是189千卡路里，豆沙水果凉粉是247千卡路里，加入了年糕的年糕小豆汤是342千卡路里，年糕小豆粥是362千卡路里。具有代表性的几种甜点都富含能量。现在的年轻女性都会担心"吃甜食容易发胖"，所以都拒绝吃日本的传统甜点，其实比起制作的时候需要使用鲜奶油、黄油的蛋糕来，日本甜点的热量要低了很多。因为日本甜点几乎不使用动物性脂肪，所以新陈代谢症候群多发的中老年人可以放心地食用，十分健康。豆寒天、蜜豆这些甜点的主要原料是红小豆，对缺乏食物纤维的现代人来说，实在是再合适不过的甜点了。红小豆还含有促进胆汁分泌的物质，最适合帮助排出胆固醇了。

不管怎么样，我都希望祖先们在漫长的历史里一点点积累、创造的甜食可以继续传给后代子孙，一直留传下去。日本的传统甜点，不但能抑制肥胖，而且还可以预防很多疾病，疲劳的时候来一份甜点，不光身体，就连心灵都会得到滋养。

话说回来，虽然现在一般都是使用砂糖在制作甜点，但是在江户时代以前，都是利用甘草以及水果的甜味。光是观察表皮的纹理，就可以判断出水果的甜度，这也是过去人们从生活实践中总结出来的智慧。

台 东 区

荒 川 区

上野
UENO

忍岡中 ⊗

常磐線・宇都宮線

下谷

東京芸大 ⊗

国立博物館

奏楽堂

東洋館

東京都
美術館

上野公園

上野
動物園

京成本線

科学博物館

東
北
・
上
野
新
幹
線

首
都
高
速
１
号
上
野
線

地
下
鉄
日
比
谷
線

上野学園
大・高・中

五重塔

こども遊園地

新鶯亭

西洋美術館

精養軒

東京文化会館

岩倉高 ⊗

韵松亭
喝茶去

上野
駅

昭
和
通
り

台東区

東上野

東京都

東京文化会館

上野の森
美術館

台東区役所 ◎

⊗ 上野署

清水観音堂 卍

西郷像

京
成
上
野
駅

上野駅

上野駅

上野
駅

地下鉄銀座線

東上野三

稲荷町駅

不忍池

上野公園前

マ
ル
イ
シ
テ
ィ
上
野

上野署

三桥上野总店

下町風俗
資料館

東上野

不忍通り

アメ横センタービル

永寿総合病院 ✚

鈴本演芸場

ABAB

アメ横

西町公園

地下鉄
大江戸線

上野
御徒町駅

台東四

上野
広小路駅

福助

⊗ 上野一

松坂屋

御
徒
町
駅

中
御
徒
町
駅

黒門小

中
央
通
り

つ
く
ば
エ
ク
ス
プ
レ
ス

上野

千代田区
外神田

浅草橋
ASAKUSABASHI

台東区

地
下
鉄
浅
草
線

江
戸
通
り

浅草橋

浅草橋駅

浅
草
橋
駅

浅草橋駅前

総武線

柳橋

神田川

浅草橋一

浅草橋

柳橋人気屋

柳橋

⊗ 日本橋
女学館高・中

浅草橋南

1:10,000

0   200m

地图上端为正北方向

136

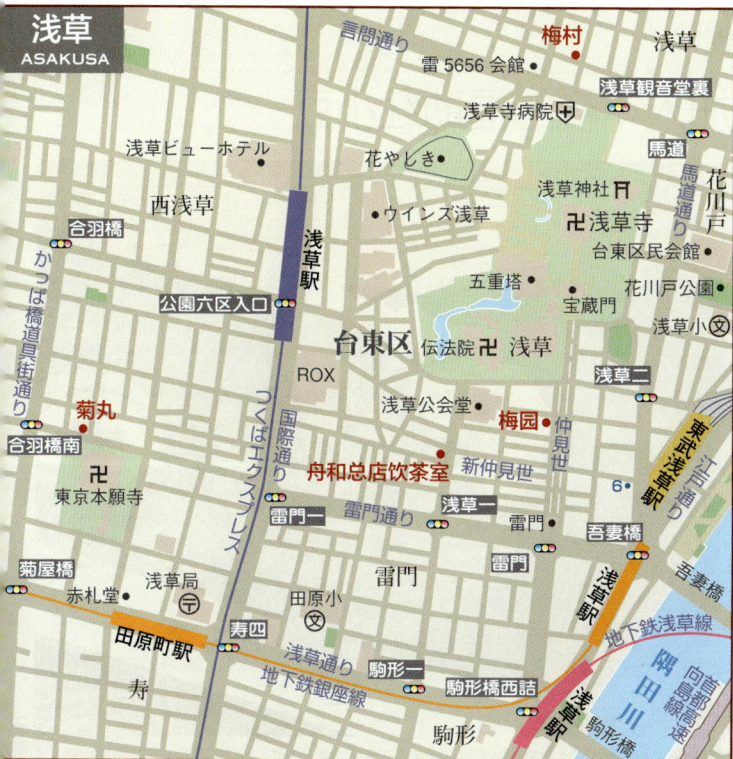

浅草
ASAKUSA

言問通り
梅村
浅草

雷 5656 会館
浅草観音堂裏

浅草寺病院
馬道

浅草ビューホテル
花やしき
馬道通り
花川戸

西浅草
浅草神社
浅草寺

ウインズ浅草
台東区民会館

合羽橋
浅草駅
五重塔
花川戸公園

かっぱ橋道具街通り
公園六区入口
宝蔵門
浅草小

台東区
伝法院　浅草

ROX
浅草二

菊丸
浅草公会堂
梅園
仲見世

合羽橋南
舟和总店饮茶室
新仲見世
東武浅草駅

東京本願寺
雷門一
雷門通り
浅草一
6
浅草駅

菊屋橋
浅草局
雷門
雷門
吾妻橋

赤札堂
田原小
雷門
浅草橋
吾妻橋

田原町駅
寿四
浅草通り
駒形一
地下鉄浅草線
隅田川

寿
地下鉄銀座線
駒形橋西詰
首都高速１号線
駒形橋

駒形
浅草駅
駒形

莺谷
JGUISUDANI

荒川区
荒川区
日暮里
NIPPORI

東日暮里
西日暮里

御行の松
西日暮里二
東日暮里

甜品店时雨茶屋
日暮里駅前

根岸小前
根岸四

西蔵院
ラングウッド
ホテル

根岸小
柳通り
JR山手線

鶯谷駅前
JR京浜東北線
羽二重団子

根岸
下谷

鶯谷駅
根岸三
法昌寺

寛永寺霊園
英信寺
天王寺

山手・京浜東北線
根岸一
谷中

上野桜木
台東区
谷中霊園

台東区

---

1 : 13,000

0　　　　　200m

鷺谷地图的比例尺

137

福助

加入年糕的福助红小豆

加入年糕的福助红小豆。自开业以来就一直坚持只从北海道进货红小豆，店主也一直采用最初的方式熬煮，内有三块刚刚捣制的年糕

　　该店开业于昭和3年（1928年），至今一直都没有搬过家，地处于上野松坂屋附近。第二代店主高木康有先生亲力亲为，不论什么都是一个人手工制作。自称"什么都不做"的妻子高木由惠女士并不是真的什么都不做，店内顾客的接待主要就靠她了。"装入了砂糖、红小豆的袋子很重，制作甜点其实是个力气活，所以即使我想帮忙他也不让我帮"，高木由惠女士笑着说。平民区的男人其实都很温柔、体贴。

　　开店没多久，写下了"是甜食爱好者就该吃福助红小豆"这样的川柳诗（日本的一种诗歌形式），其中所说的就是福助的加入年糕的福助红小豆。在厨房的一角，每天早晨都要捣制年糕，其黏稠的质感、独特的香气十分诱人，而细心煮制的红小豆味道也不用说，甜味一流，搭配起咸味的小菜，那种感觉别提多奇妙了。冷福助红小豆里加了糯米粉团，一颗颗鼓得好像一个个蚕茧，这样可爱的糯米粉团，一份里共有五个，虽然材料看起来都很普通，但是味道可是一点都不普通。

　　只吃甜点怎么能喂饱肚子，店里还提供鸡蛋杂煮。淡淡的咸味仿佛一下唤醒了之前被甜味哄睡着的味蕾。

川柳诗中也曾经歌颂过的红小豆
今天店主也一个人细心地制作着

（右上）有着可爱的蚕茧形状的糯米粉团冰激凌豆沙水果凉粉。红小豆为每天新鲜煮制的

（左上）糯米粉团冷红小豆，可以说是尽显福助红小豆的精髓

（左）在下单的闲暇时间制作糯米粉团的高木康有。不论什么都在这个厨房手工制作

（下）这才是平民区的甜品店的样子，朴实无华，却有着人文温度

菜单

加入年糕的福助红小豆 …… 577日元		刨冰（6月中旬—9月秋分）	
糯米粉团冰激凌豆沙水果凉粉		冰激凌刨冰（草莓味、蜜瓜味）	
…… 630日元		…… 各577日元	
糯米粉团冷红小豆 …… 577日元		红小豆刨冰 …… 630日元	
糯米粉团冰激凌蜜豆 …… 630日元		宇治金时 …… 735日元	
冰激凌冷红小豆 …… 577日元		手信	
鸡蛋杂煮（夏季除外）…… 577日元		豆沙水果凉粉（夏季除外）…… 556日元	

福助
福助

☎ 03-3831-9385
台东区上野3-28-5
JR山手线、京滨东北线御徒町北出口步行不远处
11:30—18:00　星期一
餐位44　部分座位禁止吸烟

三桥上野总店

糯米粉团冰激凌豆沙水果凉粉

从食材进货开始便精挑细选的该店的招牌商品 —— 糯米粉团冰激凌豆沙水果凉粉。图片中的意式冰激凌十分美味，一点也不输给豆馅

　　自昭和23年（1948年）开业以来就被评为上野广小路的甜点名店，有着很好的口碑。店里除了有豆沙水果凉粉、年糕小豆汤这些甜点，夏天还有刨冰，还有关东煮等多种速食，可以说是应有尽有，其中人气最高的就是店家引以为傲的糯米粉团冰激凌豆沙水果凉粉了。

　　店家使用的是十胜产的红小豆，每天凌晨3点就要开始熬煮红小豆来制作豆馅了，要煮整整六个小时才能制成红小豆馅。富有嚼劲的牛皮糖更需要两天才能制作完成。再加上四四方方、口感弹牙的寒天冻，口感清爽的糖浆。糯米粉团的弹性十足，看起来清淡的酱汁，吃起来口感意外浓厚，味道也不用说。就这样，手工制成的素材，三位一体、四位一体、五位一体，一点点地拼凑成了糯米粉团冰激凌豆沙水果凉粉。我们毫不犹豫地点了店里的招牌商品，按捺不住想要品尝一番。除此以外还有草莓冰激凌豆沙水果凉粉等多种水果冰激凌豆沙水果凉粉，在冰激凌豆沙水果凉粉中加入各种当季的水果，味道从来没有让我失望过。

　　朝着面向中央大街的建筑物的深处走去，便可以找到这家店，一楼和二楼是这家店的范围。周末，以店里的糯米粉团为目标的顾客会排成长长的队伍。

招牌产品豆沙水果凉粉是同类中的名品，周末可以说是人挤人

（上）糯米粉团年糕小豆粥口感柔和，弹牙的糯米粉团，和费工夫做成的豆馅形成了美妙的组合

（左）抹茶冰激凌使用的是点茶前用的上等抹茶粉

（下）店内的进深很深，装潢带着民间艺术的调子，是个能让人安心久坐的好地方

菜 单

糯米粉团冰激凌豆沙水果凉粉		糯米粉团金时	430 日元
	630 日元	冷年糕小豆汤	420 日元
糯米粉团年糕小豆粥	430 日元	葛粉糕、凉粉	各 400 日元
抹茶冰激凌	450 日元	🎁 手信	
小仓豆沙水果凉粉	510 日元	糯米粉团豆沙水果凉粉	440 日元
豆沙水果凉粉、蜜豆	各 430 日元	豆沙水果凉粉	350 日元

三桥上野总店
みはし 上野本店

📞 03-3831-0384

🏠 台东区上野4-9-7

🚃 JR上野站不忍出口步行三分钟

🕐 10:30—21:30　　🈺 不定期休息

🪑 餐位 70　　吸烟 部分座位可以吸烟

141

新莺亭

莺团子

三种大颗的莺团子。从远处顺时针方向分别是白豆馅、抹茶口味、红小豆馅，最适合在上野的山上赏花时吃了

　　新莺亭开业于大正4年（1915年），是一间地处上野公园内的茶店。店铺建在可以仰望到不远处的宽水寺五重塔的地方，东照宫参拜道路的一旁，被郁郁葱葱的绿色植物和高大的树木所包围。建筑物于平成10年（1998年）进行过一次翻新，但是整体结构和过去比并没有什么改变，落地大玻璃窗带来了良好的视野。广阔的前庭里种着梅花、山茶花、棠棣花、杜鹃花、绣球花、虾脊兰、紫式部等多种花木，一年四季花开不断。

　　从开业初期便是店里的招牌产品的莺团子，有使用白色芸豆制作的白豆馅、抹茶、红小豆馅三种口味，全部都是馅芯柔软的团子。因为下单之后才会将馅芯包到团子里，所以团子的味道特别新鲜。如果是买来当手信的话，最好是当天食用。

　　此外，甜点还有年糕小豆汤、豆沙水果凉粉以及各种刨冰，关东煮之类的速食也有。店内环境宽敞舒适，如果是在微风徐徐的季节，坐在屋檐下的长凳上则别有一番风情。

被上野公园的绿色围绕
随着季节的变迁各有不同风味的茶屋

御膳年糕小豆汤。一边欣赏着外面的绿色风景，一边享用，不知道为什么会有一种寿命得到延长的错觉

容器里加入了抹茶糖浆，刨冰则是盖在糖浆上的宇治抹茶刨冰。其他口味的刨冰也是一样

店内放着一排排桌椅，环境宽敞舒适，窗外是望不尽的绿色

菜 单

莺团子(三个)	550日元	甜酒	450日元
御膳年糕小豆汤	700日元	刨冰(5月—10月)	
白鹭(莺)年糕小豆汤	各700日元	宇治抹茶刨冰、年糕小豆汤刨冰	
豆沙水果凉粉	550日元		各700日元
凉粉	500日元	🎁手信	
关东煮	700日元	莺团子(九个)	1700日元

新莺亭
新鶯亭

☎ 03-3821-6306
⌂ 台东区上野公园9-86
🚃 JR上野站公园出口步行三分钟
🕐 10:00—17:00
休 星期一（如果当天是节日的话则次日休息）
餐位 24　吸烟 禁止吸烟

韵松亭喝茶去

豆沙水果凉粉

豆馅、糯米粉团、牛皮糖、寒天冻，配色上乘的豆沙水果凉粉。老牌料理店的手工料理，让人充满了期待

　　韵松亭建立于上野公园开设后不久的明治8年（1875年），以豆腐和走地鸡为中心的宴会料理闻名。背靠着不忍池的上野被绿树所环绕，该店建在因"花之云钟是上野还是浅草"的诗句为人们所熟知的名钟——时之钟的隔壁，因为钟声有着"松之韵律"的美称，所以将店铺命名为韵松亭。平成15年（2003年），对建于明治8年的建筑物，在一定程度保留当时外观的前提下，进行了全面的改装，茶店就在次年春天正式开业了。

　　玻璃窗上挂着竹制的窗帘，拉开拉门进入到店内，便可以看到由一巨大的古老木板制成的桌子、墙裙、坐垫、船底形状的天花板，这一切无一不体现出店内古色古香的装潢风格。没有刻意地上色，店内色调基本都是来自木材原来的颜色，朴实无华，而豆沙水果凉粉、抹茶冰激凌年糕小豆粥等甜点的颜色和周围环境很好地融合在了一起，透着淡淡的高雅感觉。素材全部由店里的料理人亲手制作，就像这看起来朴素的店一样，越深入越会令人着迷。凉粉一半在碗里，一半则由客人自己添加。

　　白天有茶壶三层便当，以及游、花、鸟三种花笼膳，此外还提供和韵松亭同样的正餐。

从素材就开始手工制作的茶点

饱含『招待之心』

在独家自制豆奶抹茶冰激凌上放着黑豆的抹茶冰激凌年糕小豆粥，给人一种雪见灯笼的印象

从天草开始便手工制作的粗凉粉，口感筋道，一旁的海苔也香气扑鼻

可供十个人使用的大木桌，从开业以来一直使用至今

麸馒头同样是手工制作，不含任何添加剂，一个180日元

菜　单

豆沙水果凉粉	650日元	茶壶三段便当	1680日元
凉粉	500日元	花笼膳(游)	1890日元
抹茶冰激凌年糕小豆粥	800日元	刨冰(夏季限定)	
特制葛粉切面	800日元	宇治金时	650日元
冰激凌豆沙水果凉粉	700日元	新鲜水果刨冰	650日元
豆奶抹茶冰激凌	600日元	🎁手信	
年糕小豆汤(冬季限定)	800日元	麸馒头(五个装)	1000日元
甜酒(冬季限定)	700日元	豆腐皮(盒装)	1000日元

韵松亭喝茶去
韻松亭 喫茶去

📞 03-3821-8126

🏠 台东区上野公园4-59

🚉 JR上野站公园出口步行四分钟

🕐 11:00—18:00（冬季营业至17:00）

休 无休　餐位 30　吸烟 禁止吸烟

145

梅园

小米年糕小豆粥

足量的小米年糕和满满的豆馅。虽然是很简单的组合，但是具有深度的味道，让人从中感觉到了传统的传承

　　从仲见世大街稍微向西行，便可以找到梅园。梅园开业于安政元年（1854年），据说原来是浅草寺别院梅园境内的一家茶店，所以店名是取自那个寺庙的名字。

　　热乎乎的小米年糕小豆粥是刚创店便有的了，算一算也有150多年的历史了，可以说是代表了浅草的著名甜点。花费一整天的时间蒸出来的年糕，混入一半捣碎的小米，再配上细腻的纯豆沙。小米年糕的酸味很好控制住了纯豆沙的甜味，二者在口腔中融合，这种独特的怀念感从很久以前开始就没有变过。一年中要来个几次，就为了品尝这一美味。另外，数年前开始，店里开始卖起了包装好的小米年糕小豆粥，拿来做手信真是再好不过。

　　店里不单单有小米年糕小豆粥，还有冰激凌豆沙水果凉粉等豆沙水果凉粉类的甜点，有着许多红腰豆的豆寒天也颇有人气。豆沙水果凉粉以及蜜豆所使用的黑糖糖浆由蜂蜜混合黑糖制作而成，口感浓郁，日本产的天草制作而成的寒天冻口感爽滑筋道。店铺地处繁华地区的关系，每天有许多来参拜或者参观浅草寺的客人，即使是工作日也经常满座。

传承至今的小米年糕小豆粥

无论是过去还是现在都没有改变过的江户风味

（左上）关键地方都有着日式的装饰品，十分符合浅草寺门前整体风格的店内装潢
（右上）冰激凌豆沙水果凉粉，符合老店风格的正统派制作方式
（右）抹茶冰激凌和糯米粉团的抹茶豆沙水果凉粉。这也是老店才会有的郑重的摆盘
（下）田园年糕小豆汤里有两块大大的年糕

菜　单

小米年糕小豆粥	703日元	刨冰（7月—9月上旬）		
冰激凌豆沙水果凉粉	661日元	田园刨冰	609日元	
抹茶豆沙水果凉粉	661日元	杏子刨冰	693日元	
田园年糕小豆汤	609日元	🎁手信		
蜜豆	609日元	小米年糕小豆粥	525日元	
小仓糯米粉团	661日元	豆沙水果凉粉	399日元	
豆寒天	609日元			

梅园
梅園

📞 03-3841-7580
🏠 台东区浅草1-31-12
🚇 地铁银座线浅草站6号出口步行四分钟
🕙 10:00—20:00
🈹 每月两次，星期一不定期休息
餐位 82　吸烟 可以吸烟

梅村

豆寒天

碗里的红腰豆颗颗饱满，色泽鲜艳，有着令人难以置信的光泽。实在是不可多得的豆寒天

　　提到豆寒天就会想起梅村，说到梅村的话就会想起豆寒天，二者之间就是这么密不可分。甜食爱好者没人不知道这家店。店铺地处浅草寺总堂的背面，在一条聚集了小型寿司店和其他料理店的道路旁。从昭和43年（1968年）起，店门前挂起了"以梅为志"的暖帘。在店里工作的人有充满活力的初代店主若林柳太郎先生和温和的第二代店主若林英夫先生，以及若林英夫的妻子，一共三人。客人不论远近，好像有不少都是熟客，只是听他们聊天都会有一种安心的感觉。

　　好了，该介绍介绍店里的招牌商品豆寒天了。光泽闪亮到好像自己会发光一样的黑紫色的大颗粒红腰豆产自北海道，从天草开始制作的寒天冻被藏在了红腰豆的下面。熬煮豆子的工艺据说是秘密中的秘密，豆子里那淡淡的咸味难道就是秘密所在？每颗红腰豆都弹性十足，咬开弹牙的外皮，豆子便在你的舌尖化开了。黑、白砂糖混合制作的糖浆清淡可口，甜而不腻，没错，这样的豆子就是要配这样的糖浆才行，让人忍不住想要点头赞成。有不少远道而来的食客就是专程为了买这里的豆寒天，以及使用独家自制手工豆馅的豆沙水果凉粉。

诱惑了甜食爱好者的豆寒天
熬煮红腰豆的方法里藏着秘密

手信必选，豆寒天（靠近手边）和豆沙水果凉粉。
糖浆在旁边的小瓶子里

还是现役且充满活力的初代店主若林柳太
郎先生（右）和继承了父亲手艺的第二代店主
若林英夫先生

右边是吧台，左边是居酒屋风格的榻榻米
构造，充满了平民风情的店内装潢

独家自制的纯豆馅，配
上各种水果和牛皮糖，
豆沙水果凉粉是除了豆
寒天以外最受欢迎的

菜 单

豆寒天、凉粉 ……………… 各450日元	年糕小豆汤刨冰、宇治金时…各600日元
豆沙水果凉粉 ………… 550日元	杏子刨冰 ………… 550日元
蜜豆、煮红小豆 ………… 各450日元	**手信**
御膳(田园)年糕小豆汤 …… 各550日元	豆寒天、凉粉 ……………… 各450日元
年糕小豆粥、炖红小豆 …各600日元	豆沙水果凉粉 ………… 550日元
刨冰(全年)	蜜豆………… 450日元
红小豆刨冰(宇治抹茶味)…各550日元	

梅村
梅むら

☎ 03-3873-6992
🏠 台东区浅草3-22-12
🚇 地铁银座线浅草站6号出口步行13分钟
🕐 13:00—18:00（星期六、节日营业至16:00）
休 星期日　餐位 14　吸烟 可以吸烟

149

舟和总店饮茶室

蜜豆

除了里面的水果，其他材料全部都是独家自制的"元祖"蜜豆。以最朴素的方式把各种素材混合到一起，这正是元祖才有的魅力

　　数个木质小桌并排摆在店内，店员是梳着日式发型、穿着日式烹饪服装的年轻女性，西式银器中盛着蜜豆。稍微跟店员交流过后，得知这家店开业于明治36年（1903年），是日本最早制作、销售蜜豆的店。自那以后的一个世纪，周围的环境改变了不少。不过"元祖"蜜豆却没有什么改变。

　　凤梨等水果再配上寒天冻（当时光是使用这两种素材就已经是十分新鲜的组合了）、杏肉、牛皮糖、红腰豆等，组成了蜜豆，浓郁的黑糖糖浆也是元祖蜜豆的魅力所在。吃下去让人有一种怀念的感觉。

　　从开始就是手工制作的红薯羊羹也是很基本的甜点。一根一根全部由手工制作，只添加砂糖和盐这些最简单的调味品，朴素的味道正是最天然的好味道。

　　红薯羊羹不使用任何添加剂，完全零添加。"物美价廉"一直都是店家的信条，这样的店自然会有许多回头客。

平民区孩子所钟爱的安心味道

认真手工制作每一份甜点

(左上)手工制作的无添加剂的红薯羊羹,无论是老人还是孩子,都喜欢吃
(右上)抹茶套餐。吃一口红薯羊羹,喝一口抹茶,感受羊羹在口腔中被抹茶一点点溶化的感觉
(右中)抹茶寒天和抹茶豆馅组成的抹茶豆沙水果凉粉,再淋上浓厚的抹茶糖浆,简直完美
(右)店内空间宽敞,大部分都采用的木制品桌椅的数量很多,可以放心地多待一会儿

菜 单

蜜豆	504日元	刨冰(5月中旬—9月中旬)		
抹茶套餐	525日元	草莓味刨冰(牛奶味)	各368日元	
抹茶豆沙水果凉粉	630日元	宇治金时、小苍糯米粉团	各683日元	
鲜果蜜豆	609日元	手信		
冰激凌豆沙水果凉粉	662日元	红薯羊羹(六根)	599日元	
小米年糕小豆粥	609日元	豆馅丸子(九个)	546日元	
葛粉糕	399日元	葛粉糕(三人份)	420日元	

舟和总店饮茶室
舟和本店喫茶室

📞 03-3842-2781
🏠 台东区浅草1-22-10
🚇 地铁银座线浅草站6号出口步行十分钟
🕐 10:00—19:30(星期六、星期日、节日营业至20:00)
🈂 无休 餐位 74 吸烟 禁止吸烟

柳桥人气屋

杏子冰激凌豆沙水果凉粉

蜜渍的杏肉十分厚实，看到这么实在的杏子冰激凌豆沙水果凉粉，还没吃就忍不住要露出满意的笑容

说到柳桥，从过去的江户到现在的东京，一直都是市内一条极具代表性的街道。料理亭、小酒馆、小旅馆等都有很多，不过现在已经不再有往日的繁华。明治43年（1910年）开业的人气屋，就在一个有着复古风情的建筑物里，一直不变地手工制作着可以让人想起柳桥当年繁华景象的甜点。

时至今日，已经传到了第三代，现在守护着这家店的是今井须美子女士和今井昭一郎先生姐弟两人。今井昭一郎日夜潜心研究这代代相传的传统味道，在传统的基础上进行品种的改良。在栽培法已经与过去大不相同的现代，各种食材必须经过严格的选择，选取最适合的材料，这样做出的甜点才能有个好的基础。之后再加上各种成熟的技术和全新的知识，传统甜点的味道才能够更上一层楼。举例来说，只是在豆馅里加砂糖来增加甜度是不够的，加入适量的盐更能左右味道的好坏。要如何更好地使用咸梅，这是一个很难的问题，但是值得尝试。

甜品店竟然要借助"咸的东西"，这究竟是好还是坏，现在还不得而知。店里除了甜点还出售鸡蛋杂煮，高雅的香味能让人一瞬间忘记烦恼。

长久以来深受喜爱的味道
熟练的技术将咸梅很好地再现

首先是香味，之后才是味道。有着极致味道的鸡蛋杂煮

简朴且纤细，糯米粉团和豆馅混合在一起的小仓糯米粉团

建龄已有60年的朴素建筑物，因为一直都用心照顾，所以不管什么地方看起来都还很新

充满平民区的味道，一直热心坚守柳桥味道，顽固的今井姐弟

菜 单

杏子冰激凌豆沙水果凉粉……	650日元
小仓糯米粉团 ……………	600日元
糯米粉团冰激凌豆沙水果凉粉	650日元
年糕小豆粥 ………………	650日元
田园年糕小豆汤 …………	600日元
鸡蛋杂煮 …………………	600日元

刨冰（6月下旬—9月）

年糕小豆汤刨冰 …………	700日元
红小豆刨冰…………………	600日元

🎁手信

豆沙水果凉粉 ……………	500日元
杏子蜜豆 …………………	600日元

柳桥人气屋
柳ばし にんきや

📞 03-3851-1002

🏠 台东区柳桥1-3-12
🚃 JR总武线浅草桥站东出口步行五分钟
🕐 11:30—18:30（星期六营业至17:00）
🚫 星期日、节日　餐位30　吸烟 禁止吸烟

甜品店时雨茶屋

京都风味葛粉切面

口感筋道的葛粉切面，以及如雪一般入口即化的和三盆糖。这个组合尽显京都风情

　　根岸四丁目十字路口的一角，在行道树组成的阴影中，隐约可以看到一条路，竹隆庵冈埜总店就在这里，大门上挂着"粉米大福"的牌匾。时雨茶屋就在店内深处左手边的地方。一进门的左侧是六张小桌子，靠着窗户的是椅背很高的长椅子，对面有六张椅背也一样高的椅子。窗子上并排挂着四幅竹帘，竹帘都已经放了下来，正对面还有一扇三折的小屏风，店内充满了日式风情，有时候还会看到练习归来的女性，身穿着和服融入在周围的环境中，仿佛成了一道风景线。

　　京都风味葛粉切面，只有从下单那一刻开始才会一人份一人份地开始手工制作，不但保证了味道，也是京都风雅的一种体现方式。三种糖混合而成的原创糖浆，配上口感筋道的葛粉切面，相得益彰，而一旁的甜味高雅的和三盆糖起到了锦上添花的作用。

　　这种用粉米年糕将豆馅包裹起来的大福是自江户中期以来这里的名产。招牌商品的粉米大福的年糕有原味、艾草味两种。配合着煎茶一起食用，二者互相衬托，引出两者更好的味道。

购买名产粉米大福的同时

里面茶店的茶点也不可错过

（上）大福和茶的套餐，二者组合美味程度也倍增，煎茶和粉米大福（照片中为艾草味）
（左）大量的小米年糕配上口感柔和的纯豆沙馅，就是小米年糕小豆粥，还附带了清香腌菜

（左）正面的柜台里有各种烤制品和点心的食物模型
（右）形态可爱、分量十足的冰激凌宇治金时糯米粉团

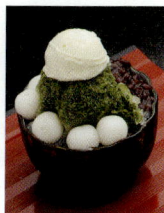

菜 单

京都风味葛粉切面	788日元	草莓味刨冰（蜜瓜味、柠檬味）	
煎茶和粉米大福	525日元		各473日元
小米年糕小豆粥	683日元	**手信**	
栗子年糕小豆粥	735日元	豆沙水果凉粉	368日元
豆沙水果凉粉、蜜豆	各630日元	糯米粉团年糕小豆粥（夏季限定）	525日元
御膳年糕小豆汤	683日元	粉米大福	210日元
刨冰（6月—10月）			
冰激凌宇治金时糯米粉团	840日元		

甜品店时雨茶屋
甘味 しぐれ茶屋

☎ 03-3873-4617

住 台东区根岸4-7-2 竹隆庵冈埜总店1F
交 JR山手线莺谷站北出口步行八分钟
营 9:00—17:00　休 星期三
餐位 12　吸烟 可以吸烟

甜品茶房菊丸

浓抹茶豆沙水果凉粉

浓抹茶豆沙水果凉粉。纯豆沙馅甜味柔和，一旁的抹茶冰激凌则带着淡淡的苦涩

　　在东京本愿寺差不多正背面，国际大街和河童桥道具街交会处面向菊水街的地方，有一家门面不大的甜品店。这家店经营的历史谈不上悠久，店里的墙壁、地板、桌椅看起来都还很新，仿佛刚开业一般。虽然开业的时间不长，但是店主菊池昭子女士却有着在上野和银座的老店学习了十年的丰富经验。因为菊池昭子女士很喜欢平民区的风格，尤其喜欢河童桥道具街，所以选择了在这里开店。店里充满了年轻店主的良苦用心，店内的装潢和摆设都洋溢着平民区的温情，让客人感觉安心舒适，丝毫不会觉得拘束。

　　北海道产的丰祝红小豆制成的豆馅，做出来的带皮粒状红豆很好地保留了红小豆独特的味道和香气；伊豆七岛产的天草所熬煮出来的寒天冻，真的是既爽口又弹牙；还有使用琉球黑糖制作的黑糖糖浆，不但口感浓郁，甜度还控制得恰到好处。菊池昭子女士所创作出来的品种丰富的豆沙水果凉粉里还有许多其他美味的食材，其中的每一种食材都是店主人亲自寻找并品尝所挑选出来的，可以说是味道的保障。店主表示："希望成为当地居民一说到豆沙水果凉粉就会想到的甜品店。"有着这样的用心和如此的美味，相信实现这个梦想的日子不会太远到来。

专研一种，绝不贪心
目标是豆沙水果凉粉专卖店

（上）深紫色的年糕小豆粥上是独家自制纯白色的糯米粉团和纯白色的意式冰激凌，这就是冰激凌糯米粉团年糕小豆粥

（左上）使用红酒煮过的苹果做成的玫瑰花在碗中盛开，这便是豆沙水果凉粉凡尔赛的玫瑰。酸酸甜甜的口味给舌尖带来了几分新鲜感

（左下）浓抹茶芭菲由11种食材组成，虽然品种丰富，但是制作者很好地掌握了食材之间的平衡感

（左）店内以白色和淡褐色为主色调，看起来整洁又温馨
（右）菊池昭子女士希望可以创造出"男性也可以一个人轻松地来品尝甜点"的环境

菜　单

浓抹茶豆沙水果凉粉	800日元	田园年糕小豆汤、御膳年糕小豆汤	
豆沙水果凉粉凡尔赛的玫瑰	850日元		各700日元
浓抹茶芭菲	950日元	海鳗什锦散寿司饭	1000日元
冰激凌糯米粉团年糕小豆粥	750日元	刨冰（7月—9月下旬）	
豆沙水果凉粉、豆馅	各650日元	红小豆刨冰	700日元
男人的豆沙水果凉粉大吟酿	850日元	宇治金时	780日元
黑芝麻冰激凌豆沙水果凉粉	800日元		

甜品茶房菊丸
甘味茶房 菊丸

☎ 03-3841-8320

⌂ 台东区西浅草2-4-1福岛大厦1F

🚇 地铁银座线田原町站3号出口步行七分钟

🕐 11:00—18:30

休 每个月第一个和第三个星期一，以及第三个星期二

餐位 18　吸烟 可以吸烟

羽二重团子家

羽二重团子

羽二重团子售有充分烤制过的烤团子，以及被大量豆馅所包裹的豆馅团子（照片中是团子附带煎茶急须）

　　芋坂地处八王子街道尽头右边的拐角处，文正2年（1819年）在此开业的藤之木茶屋就是现在的羽二重团子的前身。一直以来羽二重团子都深受人们的喜爱，即使江户变成了东京，人们对它的爱也没有变过。羽二重团子在夏目漱石的名作《我是猫》、司马辽太郎的名作《坂上之云》等很多文学作品中都有登场，足以证明日本人对它的喜爱。其中不得不提到享年35岁的正冈子规（日本著名俳句诗人），从明治27年（1894年）开始，一直到他病逝为止，这八年间他都住在芋坂附近的根岸。他特别喜欢羽二重团子，甚至留下了"芋坂也好团子也罢，皆是月亮带来的缘分"的诗句。

　　正对着的拐角处竖着表示芋坂和八王子街道分界处的石头制成的古老路标。店的周围栽种着竹子和柳树，虽然可能只有一点点，但是还是给人带来了昔日江户风情的感觉。

　　坐在店内眺望着窗外的日式庭院，享用着烤团子和豆馅团子两种口味的羽二重团子，外皮烤得有点焦的烤团子有着扑鼻的酱油香味，细腻的豆馅包裹在豆馅团子表面。使用最好的粳米制成团子就像店名羽二重（纯白纺绸）一样，口感细腻柔软，特地将团子压扁的做法也很少见。团子有附带煎茶和抹茶两种不同的套餐可以选择。

香味扑鼻的酱油味、口感柔滑的豆馅

深受文人喜爱的名品团子

（上）抹茶套餐附带团子两串。这个组合里包括烤丸子和豆馅团子两种口味，一串团子上有两个团子

（左）作为手信包装用的盒子，从五串装开始有很多种（照片中为八串装）

（右下）庭院里，被绿色植物所环绕的池子里有锦鲤正在游来游去

（左下）巨大的窗户外是绿色的日式庭院

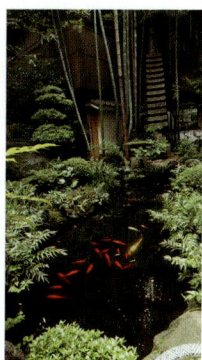

菜 单

团子两串附带煎茶急须⋯⋯⋯ 462日元	羽二重团子六串装⋯⋯⋯⋯⋯ 1449日元
抹茶套餐附带团子两串⋯⋯⋯ 546日元	羽二重团子八串装⋯⋯⋯⋯⋯ 1932日元
🎁手信	羽二重团子十串装⋯⋯⋯⋯⋯ 2394日元
羽二重团子五串装⋯⋯⋯⋯⋯ 1218日元	

羽二重团子家
羽二重团子

📞 03-3891-2924

🏠 荒川区东日暮里5-54-3

🚇 JR山手线日暮里站南出口步行三分钟

🕘 9:00—17:00

🚫 星期二（如果是节日则营业）

餐位 51 **吸烟** 禁止吸烟，庭院的长凳处可以吸烟

岸 朝 子 的
" 甜 点 的 乐 趣 "

蜜豆、豆沙水果凉粉进化论

因为生儿育女的关系，我已经很久没有去庙会了。如果是40年前的话，到了夏天，附近的富士神社以及天祖神社都会举办庙会，而我则是那里面的常客。印象比较深的大概就是会出售煮红腰豆的小摊，他们会把煮得软软的红腰豆装在用报纸叠成的三角形容器里。头上缠着头巾的大哥哥看起来很有朝气，"在江户时代，这可是在吉原沿街叫卖过的东西哦"，他自豪地这么说着。淡淡的咸味把豆子本身的甜味衬托得更加明显且有层次感，一颗颗在嘴里化开的口感，至今也无法忘记。

在红腰豆上淋上糖浆来吃，这种吃法好像就是蜜豆的起源。再在里面加上切得四四方方的寒天冻，用糯米粉和砂糖制成的牛皮糖也一并加入，再来一些罐头水果放在上面，全新配方的"元祖蜜豆"就这么诞生了。最早售出的蜜豆是舟和蜜豆塔。据说，那是明治36年（1903年），这个点子就是舟和总店的初代店主想出来的。豆沙水果凉粉则是在这个蜜豆的基础上，再加上纯豆馅产生出来的，据说是在昭和初期，由银座若松的第二代店主想出来的。从那以后，还有将冰激凌放在上面的冰激凌豆沙水果凉粉等各种各样的进化版。

另一方面，也有在红腰豆和寒天上只淋上糖浆的豆寒天，以及仅在红腰豆上淋上糖浆的豆蜜（最初的蜜豆）。红腰豆也好，寒天也罢，最近都被评为了健康食品。可见古人的智慧到了今天也同样有用。

墨田区

江东区

葛饰区

台東区
今戸

桜橋中

区屋内プール
体育館

東向島

台東商高

言問小

言問団子家

陸上競技場

長命寺

東向島一

台東リバーサイド
スポーツセンター

弘福寺

秋葉神社

待乳山聖天

向島

浅草

本竜院

隅田公園

向島三

墨田中

隅田川

三囲神社

本所高

言問橋西

水戸街道

言問橋

小梅通り

曳舟川通り

言問橋下

小梅小

向島三

牛島神社

区郷土文化資料館

琦玉屋小梅

言問橋東

向島

常泉寺

墨田区

すみだ
女性センター

隅田公園

押上

向島三

墨田区役所前

業平橋駅

押上駅

墨田区役所

押上駅

東武伊勢崎線

リバーピア
吾妻橋

源森橋

北十間川

地下鉄半蔵門線

吾妻橋

天祥寺

本所吾妻橋駅

浅草通り

地下鉄浅草線

業平一

東駒形

業平

亀沢

墨田区

錦糸小

錦糸

すみだ
トリフォニー
ホール

アルカ
キット

北斎通り

錦糸一

堅川中

北斎茶房

アルカ
タワーズ

総武線

錦糸町駅

親水
公園

江東橋

江東橋

緑

両国高

京葉道路

錦系町
KINSHICHO

墨田区

国技館

横網

江戸東京
博物館

両国駅

総武線

両国駅西口

両国

五十嵐屋

両国

京葉道路

両国二

両国
シティコア

両国
RYOGOKU

1：12,000

0   200m

地図上端为正北方向

162

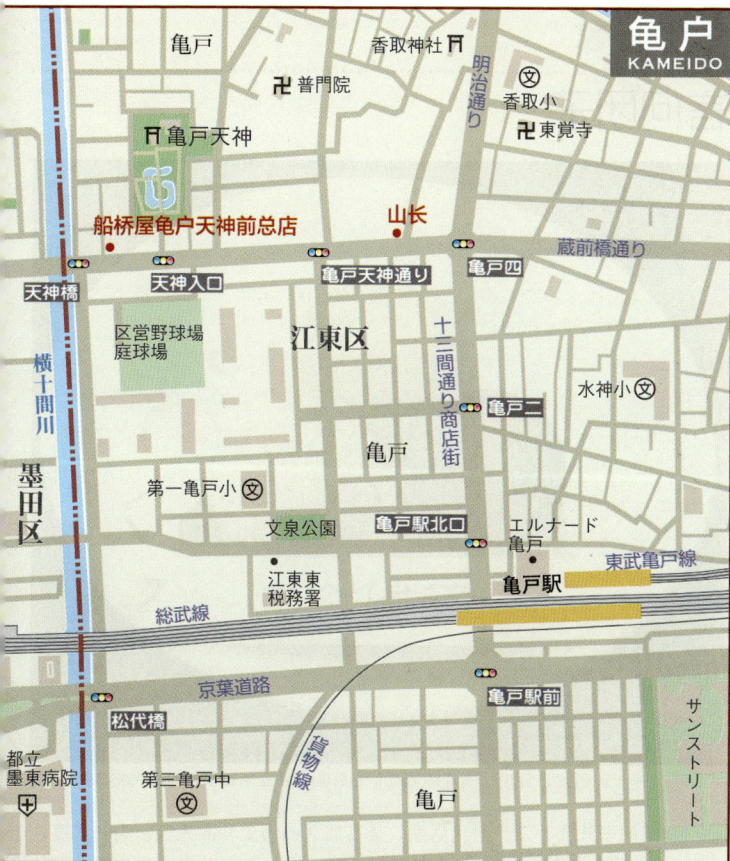

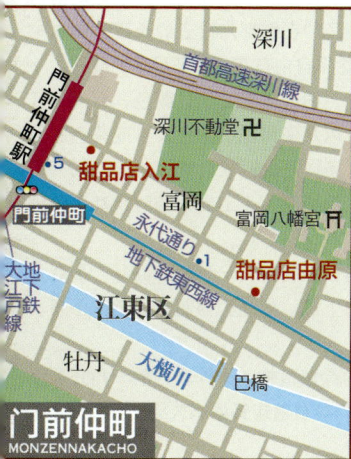

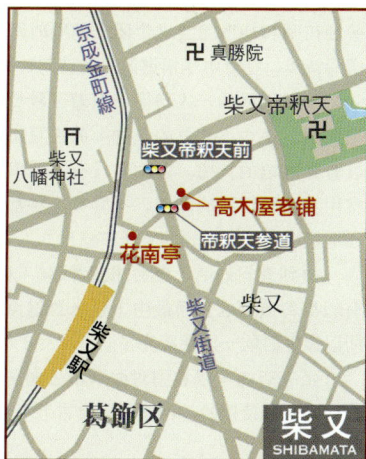

香取神社

明治通り

普門院

香取小
東覚寺

亀戸天神

船桥屋亀戸天神前总店

山长

天神橋

天神入口

亀戸天神通り

蔵前橋通り

亀戸四

横十間川

区営野球場
庭球場

江東区

十二間通り商店街

亀戸二

水神小

墨田区

第一亀戸小

亀戸

文泉公園

亀戸駅北口

エルナード
亀戸

江東東
税務署

亀戸駅

東武亀戸線

総武線

京葉道路

亀戸駅前

サンストリート

松代橋

貨物線

都立
墨東病院

第三亀戸中

亀戸

深川

首都高速深川線

門前仲町駅

深川不動堂

5

甜品店入江

富岡

富岡八幡宮

門前仲町

永代通り

地下鉄東西線

1

甜品店由原

大地下鉄江戸線

江東区

牡丹

大横川

巴橋

京成金町線

真勝院

柴又帝釈天

柴又
八幡神社

柴又帝釈天前

高木屋老铺

帝釈天参道

花南亭

柴又駅

柴又

柴又街道

葛飾区

---

1 : 10,000

0   200m

地图上端为正北方向

言问团子家

言问团子

圆滚滚看起来十分可爱的言问团子，有青梅（远处）、白豆馅（右手边）、红小豆馅（左手边）三种

言问团子开业于江户时代后期，兼有悠久的历史和高人气、高知名度，它和羽二重团子齐名，都是东京的团子中的代表。诗人兼童谣作家野口雨情曾经在昭和初期品尝这个团子的同时写下了"在那都鸟离去的长夜，在水中谱写诗篇，在梦中尽情遨游"的诗句，传达了自由自在、心怀坦荡的旋律。

一盘三颗的一人份团子有着三种口味，同时也有着三种颜色，分别是红小豆馅、手亡（芸豆的一种）的白豆馅，以及使用栀子的色素染成黄色的包裹着味噌馅的青梅。因为并没有串成串，所以吃的时候会使用竹签切割下来食用。三种馅料的团子，不管哪一种都光滑圆润，手工制作的时候都十分细心地搓成圆形，柔软的丸子口感出众。

提到言问的话，就会想起都鸟。这时候就需要另一种招牌商品，那就是有着都鸟造型的言问最中（糯米豆馅点心）了。但是因为制作的量并不多，所以很多时候一早便卖完了。

坐在店内可以看到对面隅田公园里的绿色植物，另外店内的一角还展示着明治时期使用的各种器皿以及古老书籍，彰显着店铺的悠久历史。

只有品质优良、外形美观的滚圆的团子
才配得上墨堤樱花的美

简单朴素的店内装潢,有着几分茶屋的风情。有日式榻榻米风格的座位

(上)做手信用的言问团子,从六颗装开始,还有各种款式可供选择(照片中为12颗装)
(下)店内的一角展示着,描绘有都鸟的祥缠(日式上衣)以及盘子等各种彰显历史的物品

造型可爱的言问最中。但是比起都鸟,感觉更像千鸟

菜单

言问团子一人份(三颗)………	550日元
言问最中一人份(两只)………	440日元

🎁手信

言问团子六颗装………………	1100日元
言问最中五只(需要预约)……	1100日元

言问团子家
言問団子

☎ 03-3622-0081
🏠 墨田区向岛5-5-22
🚉 东武伊势崎线曳舟站步行十分钟
🕐 9:00—18:00
🈺 星期二(如果是节日则营业)
🍴餐位 40　**吸烟** 可以吸烟

165

埼玉屋小梅

小梅团子

小梅团子的团子每颗个头儿都不小，吃两串肚子就差不多饱了。从前往后，一串有三种颜色，分别是芝麻粉、黄豆粉、青海苔

　　在横跨隅田川两岸的言问桥的东端，平安时代初期建造的古老神社牛屿神社附近便是店铺所在了。建立于明治30年（1897年），店名之所以叫小梅是因为当时的町名的关系。

　　稍微大颗些的小梅团子，虽然叫作团子，其实是以糯米为素材的牛皮糖产品。包裹着芝麻粉、青海苔的团子使用的是纯豆沙馅，包裹着黄豆粉的团子则使用的是混有梅肉的白豆馅。一串团子就可以品尝到多种味道。

　　收货亭旁边的休息处可供堂食，除了冬季限定的年糕小豆粥（田园、御膳两种），以及无法每天提供的豆沙水果凉粉以外，还有小梅团子之外的团子、日式点心、甜点、红豆糯米饭、油炸豆腐寿司、海苔卷等小吃，店面里陈列的商品全部都可以堂食。其中豆馅团子、烤团子、矶边卷团子、芝麻团子、枝豆馅团子的五种口味的团子，凭借着其软糯的独特口感获得了不输于小梅团子的评价。从过去开始便煮得有点硬的红豆糯米饭也有着一批固定的客人。

言问桥旁的著名团子 吃一串便可以品尝到多种味道

（左上）三种团子。从上往下分别是，矶边（海苔卷）团子、烤（御手洗）团子、豆馅（纯豆沙）团子

（右上）红豆糯米饭中糯米柔和的香甜味更加衬托出红小豆的味道

（上）馅料十足的铜锣烧，除了有豆馅，还包裹着大颗的栗子

（左）柜台里是各种既可以做手信又可以堂食的商品

菜 单

小梅团子（一串）	180日元	田园（御膳）年糕小豆粥（10月—次年3月）	各400日元
丸子五种（各一串）	110日元	凉粉	350日元
铜锣烧（一个）	140日元	安倍川年糕饼	400日元
红豆糯米饭（一盘）	300日元	酱烤团子	400日元
豆沙水果凉粉	400日元		
冰激凌豆沙水果凉粉	450日元		

埼玉屋小梅
埼玉屋小梅

TEL 03-3622-1214

住 墨田区向岛1-5-5

交 东武伊势崎线平桥站步行八分钟

营 9:00—18:30 休 星期一（如果星期一是1日或者15日则照常营业，星期三再休息）

餐位 12 吸烟 可以吸烟

北斋茶房

大纳言豆沙水果凉粉

北斋茶房的"决胜"甜点，采用了简单朴素的组合搭配方式的大纳言豆沙水果凉粉

　　由填埋本所南边过去的下水渠而建成的北斋大街，得名于出生于当地的葛饰北斋，街道两旁年青的行道树随风摇摆。北斋茶房和它的店名一样，店铺大门正朝着这条大街。店面是由原本是仓库兼画廊的建筑改装而成，店内左手边摆放着桌椅，右手边则是由白木制成的长长的吧台，在桌椅席坐下舒适地休息的话，周围安静的氛围会让你有一种仿佛置身图书馆一角的感觉。

　　该店开业于平成15年（2003年），虽然经营时间并不久，但是采用的食材都是一流的，红小豆是丹波产大纳言中的极品春日，黑糖是德之岛产的纯黑糖，葛粉是毫无杂质的原产地吉野的本葛。亲手煮制豆馅和糯米粉团的老板娘把自己家的大纳言豆沙水果凉粉叫作"简朴的豆沙水果凉粉"，这个豆沙水果凉粉可以说是浓缩了店内甜品制作技术的结晶。柔和的粒状馅配上独家自制的寒天冻、100%纯黑糖制作的黑糖糖浆，的确是十分简朴的组合。优质的食材再加上巧妙的配比，做出来的甜点自然是极品。

日式点心用最高级红小豆制成的豆馅以这样的『简朴的豆沙水果凉粉』来决一胜负

（上）最高级葛粉切面，使用100%的吉野本葛。一次只能准备一人份
（右）每天限定25份的会溶化的蕨菜糕。真的是入口即化

兼有城镇风格又不失时尚的店内，深处的小间是禁烟席

让人想一颗颗仔细地品尝红小豆的味道的田园年糕小豆粥。当然用的也是丹波大纳言春日的红小豆

菜 单

大纳言豆沙水果凉粉	580日元	刨冰（6月—8月）	
会溶化的蕨菜糕	528日元	黑糖糖浆加黄豆粉刨冰	650日元
最高级葛粉切面	1050日元	杏子（六个）刨冰	685日元
北斋田园年糕小豆粥	550日元	宇治金时	750日元
糯米粉团杏子豆沙水果凉粉	750日元	手信	
茶房特制豆沙水果凉粉"七幅春日"	900日元	会溶化的蕨菜糕（一份）	525日元
冰激凌糯米粉团大纳言年糕小豆粥	695日元	大纳言红小豆豆沙水果凉粉（一份）	475日元

北斋茶房
北斎茶房

☎ 03-5610-5331
🏠 墨田区龟泽4-8-5
🚇 JR总武线锦系町站北出口、地铁半藏门线锦系町站3号出口各步行五分钟
🕐 11:30～23:00　🈺 星期二
餐位 25　吸烟 部分座位禁止吸烟

五十岚屋

田园芭菲

高高的田园芭菲，仿佛是座覆盖着皑皑白雪的独立山峰。从山脚开始以山顶为目标前进吧

从"山脚"开始往上，分别是红小豆冰激凌、抹茶冰激凌、小豆粥、糯米粉团、仙贝冰激凌，这样层层叠叠组成的田园芭菲高度大约是30厘米，顶端装饰的樱桃象征着早晨在雪山上升起的太阳。这么高的芭菲，作为新手，吃的时候应该如何下手比较好呢？店主佐藤昌广先生表示，使用长柄的勺子"从山脚开始向着山顶，一点点地刮着吃正是其中的诀窍"。

五十岚屋的冰激凌全部使用婴儿奶粉来代替鸡蛋，这也是日式甜点的一个特征。还混有品川卷（酱油调味裹有海苔的一种仙贝）碎片的仙贝冰激凌，煎饼的香味和冰激凌柔和的味道混合在一起，超乎想象地合拍，仙贝冰激凌是五十岚屋的原创产品。

附近的相扑选手会带着辣妹来吃这里的冰激凌最中，除了必选的那几种以外还有巧克力味、南瓜味、朗姆葡萄干味等九种。

话说为什么要叫田园芭菲呢？据说是因为曾经在这里的打工的女高中生说"总觉得又高又大很有田园气息"，所以就这么命名了。

平民区特有的、冰激凌和煎饼的美好组合

冰激凌豆沙水果凉粉。其中的抹茶冰激凌当然也是仙贝冰激凌

冰激凌最中的必备口味，抹茶味（近处）、红小豆（左边）、香草味（远处）

店内深处是禁烟席。有不少独自前来的男性常客

菜　单

田园芭菲…………………… 850日元	刨冰（6月—10月）
冰激凌豆沙水果凉粉（抹茶味、香草味）	草莓味、柠檬味、蜜瓜味 … 各360日元
…………………………… 各450日元	红小豆（大纳言）刨冰…… 500日元
冰激凌最中（各种）………… 各190日元	红小豆糯米粉团 ………… 550日元
御膳（田园）年糕小豆粥…… 各480日元	🎁**手信**
豆沙水果凉粉、蜜豆 ……… 各350日元	芝士大福（一个）………… 120日元
年糕小豆粥 ……………… 480日元	甜（辣）丸子（一串）………… 各90日元
凉粉………………………… 400日元	

五十岚屋
いがらしや

☎ 03-3931-5871
🏠 墨田区两国2-17-17 两国ST大厦1F
🚉 JR总武线两国站东出口步行三分钟
🕐 11:00—21:00
🈺 星期一（如果是节日则照常营业）
餐位 60　**吸烟** 部分座位可以吸烟

船桥屋龟户天神前总店

葛粉糕

切成大块的著名葛粉糕，配上足足的黄豆粉和黑糖糖浆

以东京的百货商店以及特选街为中心，船桥屋拥有20间以上分店和卖店，创业于文化2年（1805年），有着悠久的历史，是以葛粉糕闻名于世的超级名店。龟户天神前总店除了出售葛粉糕还设立了甜品店，每天都有许多来品尝葛粉糕以及其他甜点的顾客，十分热闹。芥川龙之介、永井荷风等文人雅士们都曾在这里品尝过葛粉糕。现在的店面建于昭和28年（1953年），高高的木制天花板透着几分古老的庄重感，十分有老店的威严感。

葛粉糕营养均衡又容易消化，而且作为配料的黄豆粉和黑糖糖浆也对身体有益，所以最近作为健康食品开始崭露头角。制造工厂虽然进行了现代化的技术革新，但是淀粉的发酵、隔水蒸煮等基本的制法仍旧保持着传统的做法，并没有改变。将葛粉糕添加到豆沙水果凉粉中这种反常规的行为却十分符合这家葛粉糕老店给人的感觉。

除此以外，味道浓郁的独家自制冰激凌、杏子以及夏橙的刨冰等也同样让人期待。

曾经被文人墨客品尝过的著名葛粉糕

今天也保持着同样的味道

（上）店内的天花板比较高，而且颇有厚重感。墙壁上挂着由吉川英治挥毫而成的匾额

（右上）冰激凌豆沙水果凉粉里加了葛粉糕，意外搭配

（右中）使用伊豆七岛产的天草制作的凉粉，十分有嚼劲

（右下）黄豆粉冰激凌采用最中的方式呈现，属于纯日式风格

菜　单

葛粉糕	493日元	刨冰（6月下旬—9月）	
冰激凌豆沙水果凉粉	651日元	杏子、夏橙	各630日元
凉粉	451日元	**手信**	
黄豆粉冰激凌	409日元	葛粉糕（二至三人份）	714日元
豆沙水果凉粉、蜜豆	各546日元	豆沙水果凉粉	399日元
糯米粉团年糕小豆粥	651日元	凉粉	315日元

船桥屋龟户天神前总店
船橋屋　亀戸天神前本店

☎ 03-3681-2784

🏠 江东区龟户3-2-14

🚉 JR总武线龟户站北出口步行12分钟

🕘 9:00—17:00　　休 无休

餐位 42　　吸烟 禁止吸烟

山长

黍子小米年糕小豆粥

黍子小米年糕小豆粥。黍子小米年糕里有着杂粮独有的田园气息，又通过年糕小豆粥里红小豆气味的衬托，这种感觉被放大了二至三倍

　　店铺门面处的柜台里排列着红豆冰以及红豆大福等各式日式点心，店内则是可供甜点和小吃堂食的座位，是一家十分符合平民区风格的店铺。该店创建于大正时代，在20世纪四五十年代，搬到了现在的所在地，即香取神社前大街的入口处。精心捣制的年糕因为富有弹性而广受好评，此外在店里点安倍川年糕饼、酱烤丸子、杂煮等小吃的客人也不在少数。在年末的时候，正月用的方年糕和镜饼的销量都特别好。而黍子小米年糕就是在制作这种店家引以为傲的年糕时候加入黍子和小米混合制成的。

　　黍子小米年糕呈现出淡淡的黄色，一口咬下去，杂粮独有的香味立刻在口腔中扩散开来，还带着柔和的甜味，如此美味，难怪会经常卖断货了。杂粮的香味和红小豆的气味相融合，层次感丰富的黍子小米年糕小豆粥，充满了田园的气息，却不失优雅，可以说是非常完美的味道。香取神社和龟户天神社都在附近，在参拜两家神社之前来上一份黍子小米年糕小豆粥，着实是一个不错的选择。

　　正如广告中所说的"可以感受到四季变化的平民区的味道"，店里还有很多诸如豆沙水果凉粉的甜点，以及芭菲、咖啡、清爽的酱油味中国荞麦面、炒面等各种朴实无华的美味小吃。

香取神社和龟户天神社的邻居
参拜间隙品尝的年糕小豆粥

（左上）各种年糕都是店家的拿手好戏，照片中为人气商品红小豆年糕
（左）和红小豆大福
（左下）店铺保留了平民区小食堂的风格。轻松的氛围，即使是第一次来也丝毫不会觉得紧张
（右上）招牌商品，新鲜捣制的安倍川年糕饼。此外还有酱烤丸子以及杂煮，都很好味
（右下）豆沙水果凉粉里的豆馅口感黏稠，还有很多大块的水果

菜 单

小米年糕小豆粥	550日元	凉粉	350日元
红小豆饼（一个）	100日元	葛粉切面	650日元
红小豆大福（一个）	120日元	甜酒	400日元
安倍川年糕饼	500日元	刨冰（6月—9月）	
豆沙水果凉粉、蜜豆	各450日元	红小豆刨冰（杏子）	各500日元
糯米粉团红小豆	550日元	糯米粉团红小豆刨冰	600日元
年糕小豆粥	500日元		

山长
山長

☎ 03-3681-4975
🏠 江东区龟户3-60-21
🚃 JR总武线龟户站北出口步行七分钟
🕐 11:00—19:30　🈵 星期二
餐位 34　吸烟 禁止吸烟

175

甜品店由原

小米年糕小豆粥

在享用小米年糕小豆粥的间隙，再细细品味几口有着淡淡咸味的樱花茶

　　店铺面向人流量颇大的永代大街，临近成田山新胜寺别院的深川不动堂和富冈八幡神社，其中福冈八幡神社以有着巨大神轿迅游的深川八幡庙会而闻名。在这平民区的正中央，颇具匠人气息的汤原一成先生有点沉默寡言，他与身体硬朗的母亲汤原侑代女士一起勤勤恳恳地经营着这家店铺。

　　小米年糕小豆粥只有在10月至次年5月才会供应，尽管如此它仍旧有着大量的粉丝，有不少常客一心等待着秋天，只为了到时候可以大饱口福。将备前产的高级小米蒸得软软的，并不做任何的调味，只是简单地加入到小豆粥中，与小豆粥柔和的甜味相融合，相互激发出对方最好的味道。一口下去，浓浓的小米香味便会在口腔中迅速扩展开来，而一旁清淡的樱花茶又起到了解腻的作用，可以说是非常贴心了。

　　刨冰之上仿佛披着一层层的羽衣一般，光是用眼睛看就可以看出刨冰的品质了。这家店的刨冰并不是依靠各种配料的味道来吸引顾客，而是让人觉得单纯品尝刨冰本身就是一种享受。在放入口腔的瞬间，便可以感觉到刨冰在舌尖溶化，那种奇妙的感觉从舌尖一直浸透到心中。

地处八幡大神和不动大神的膝下
江户儿女制作出来的美味

正餐必选的人气套餐，深川饭＋卷纤套餐（使用豆腐、香菇、萝卜丝等加调料所制作的料理）

杏子的酸味和豆馅的甜味，以及寒天冻的清爽口感，三者之间是那么契合，这就是杏子豆沙水果凉粉

像屏风一样构造的板墙看起来有几分时髦，是没有过多装饰的日式风格

店里的宇治金时十分有名，有客人甚至专门打车前来品尝

菜　单

小米年糕小豆粥(10月一次年5月）	刨冰（全年）
·················840日元	宇治金时 ········720日元
杏子豆沙水果凉粉··········740日元	草莓味、蜜瓜味、柠檬味 ··· 各530日元
蜜豆··········580日元	🎁手信
田园(御膳)年糕小豆粥····· 各690日元	豆沙水果凉粉 ·········400日元
葛粉切面··········690日元	蜜豆··········390日元
深川饭＋卷纤套餐 ·····1100日元	久寿饼（三人份)·········630日元

甜品店由原
甘味处 由はら

📞 03-3641-4095

🏠 江东区富冈1-10-8
🚇 地铁东西线、都营大江户线门前仲町站1号出口各步行不远处
🕚 11:00—21:00（星期六、星期日、节日营业至20:00）
休 无休　餐位 22　吸烟 可以吸烟

甜品店入江

糯米粉团冰激凌豆馅豆寒天

糯米粉团冰激凌豆馅豆寒天。虽然被隐藏了起来，但是入江特制的寒天冻才是真正的主角

　　昭和初期，作为寒天冻等商品批发商的上代店主创建了这家店。大概正因为这样，第二代店主渡边正则先生对寒天冻有着很深的感情。所以直到今天也保留着上代的传统，混合伊豆七岛神津岛产和大岛产的两种天草来制作寒天冻，这样做出来的寒天冻棱角分明，口感弹牙，味道清爽，而且还带着淡淡的大海的味道。店主每天早晨5点便起床开始制作各种素材。

　　将北海道产的红小豆以及富良野产的红腰豆用水浸泡一整晚，再使用文火熬煮六至八个小时，为了不让豆子的皮煮破，必须十分小心。

　　为了制作出令自己满意的糯米粉团冰激凌豆馅豆寒天，店主在每一道工序上都不惜工本，这样执着的精神实在令人钦佩。还有那既柔软又有嚼劲的糯米粉团以及口感细腻的纯豆沙馅，当然还不能忘了那煮得恰到好处的红腰豆，早就被煮烂的内馅包裹在富有光泽的表皮中，一放入口中便在舌尖绽放开来。寒天冻的弹牙口感也不容怀疑，豆馅和冰激凌相互衬托，使对方变得更加美味。这些加在一起便成了超出想象的组合。

　　时代小说家山本一力先生对入江的甜品十分偏爱，据说他会偶尔突然出现，在店里大口大口地吃刨冰等甜品。

豆沙水果凉粉中使用的
是纯豆沙馅。也有带皮
粒状红豆沙馅的小仓豆
沙水果凉粉。糖浆有白
糖糖浆、黑糖糖浆两种，
可以根据喜好挑选

豆馅和冰激凌才会这么美味

父子的传承，正因为有着特制寒天冻

（上）杏子豆沙水果凉
粉里有着大颗的杏肉，
可以说是十分豪华了。
杏肉也是入江的得意
之作
（右）店内采取的是无
障碍式内装，白色的墙
壁和格子窗，纯正的日
式风格

冰激凌咖啡寒天冻，使用的不是咖啡果冻，
而是真正的咖啡寒天冻

菜 单

糯米粉团冰激凌豆馅豆寒天…940日元		刨冰（黄金周—10月上旬）	
豆沙水果凉粉	730日元	杏子刨冰	680日元
杏子蜜豆	730日元	宇治金时	780日元
冰激凌咖啡寒天冻	730日元	手信	
豆寒天	650日元	豆寒天	460日元
蜜豆	630日元	豆沙水果凉粉	500日元
田园（御膳）年糕小豆粥	各730日元	咖啡寒天冻	450日元

甜品店入江
甘味处 いり江
☎ 03-3643-1760
🏠 江东区门前仲町2-6-6
🚇 地铁东西线、都营大江户线门前仲町站5号出口步行两分钟
🕐 11:00—19:00（星期六、星期日、节日营业至18:00）
🚫 星期一（节日以及每个月的1日、15日、28日照常营业）
🍴餐位 28　吸烟 禁止吸烟

高木屋老铺

艾草团子

翠绿柔软的艾草团子，上面是富有光泽的红小豆馅。艾草团子只由这两种简单的食材组成，虽然看起来简单，但是却是绝佳的组合

柴又的名产艾草团子，因为著名系列电影《寅次郎的故事》而闻名全日本。渥美清饰演的寅次郎的叔叔、婶婶所经营的团子店原型正是高木屋老铺，店铺地处帝释天寺参道两侧，两边的店面面对面。高木屋老铺开业于江户时代，到了明治32年（1899年），建造了连接车站和帝释天寺的道路，当时为了道路可以通过，不得已把当时正好在路线上的店铺分成了两间。店铺沿街而立，两间分别建于明治时代和大正年代的建筑物被很好地保存了下来，依旧保持着瓦葺的屋顶以及木制的结构。店内也残留了不少那个年代的痕迹，可以说是老店才有的有趣的地方。

高木屋老铺从明治时代开始就一直制作艾草团子，而艾草团子也一直是高木屋老店的金字招牌。团子的粉选用的是月光水稻碾制而成，艾草则用的是筑波山脚下由指定农户栽培的艾草的嫩芽。在店内食用的一人份是一盘子五颗，上面盖着厚厚的豆馅。

酱油味的烤丸子和裹满海苔的海边少女，不论哪一种都是十分有嚼劲的美味团子，都是让人能怀念起"东京平民区的味道"。

天然素材制作的柴又艾草团子

无人不知、无人不晓的

（右上）豆沙水果凉粉。顶端摆放着一颗樱桃，这是典型的东京风格

（左上）包裹着团子的海苔多到几乎把团子藏了起来，这就是海边少女。很有东京风味的团子

（中）艾草团子是柴又手信里必选中的必选，几乎不作他想

（左）充满年代感的店内，墙上装饰着《寅次郎的故事》的照片

菜 单

艾草团子	300日元
豆沙水果凉粉、蜜豆	各420日元
海边少女、烤团子	各300日元
冰激凌豆沙水果凉粉	630日元
葛粉糕	420日元
小金饼	315日元

🎁手信

艾草团子（15颗）	630日元
海边少女、烤团子（各5串）	各630日元
葛粉糕（24块）	525日元

高木屋老铺
高木屋老舖

📞 03-3657-3136

🏠 葛饰区柴又7-7-4

🚉 京成金町线柴又站步行两分钟

🕐 7:00—19:00　　休 无休

餐位 96　吸烟 禁止吸烟

花南亭

凉粉

使用中和法制作而成的独特凉粉，配上尾道产的上等醋使用。还有黑糖糖浆味和柚子蜜味，可以根据自己的喜好来下单

　　店铺地处贯穿柴又站和帝释天寺参道的柴又神明会商店街的入口处，屋檐下关东煮和烤鸡肉串摊位并列摆在一起，竹帘上挂着一排排手写的菜单。从外观看起来实在是有点杂乱无章，但是千万不要因此而小看这家店，毕竟味道才是最重要的，尝过这里手工制作的味道才可以做出评价，特别是这里的寒天冻，绝对是难得一尝的绝品。

　　店铺开业于昭和51年（1976年），第一代店主是菅波俊雄先生。在他追求"好吃又安全的食物"这一目标的时候，结识了长野县的松桥铁治朗农学博士，并学习到了独特的寒天冻制作方法——"中和法"。这是一种把煮出的天草保持在中和状态，从而更有效率地提取其中的寒天成分的科学方法，直到提取出寒天成分为止的三至五个小时内，必须一直检查确认液体的酸碱值。现在，作为第二代店主的菅波雄二先生继承了这种费时的工序，继续制作着口感一流、有着大海气息的寒天冻。

　　古早豆沙水果凉粉里，除了寒天冻，其他的素材如豆馅、红腰豆，以及使用艾草和梅子醋着色的牛皮糖等，都是独家自制，真正做到不含任何添加剂，这也是店家最引以为傲的。分量十足的刨冰也让人赞不绝口，各种配料加起来共有25种之多。

严守农学博士亲传的制作方法
口感最好的寒天冻、凉粉

（上）满满的刨冰，配料也十分豪气的糯米粉团
宇治金时
（下）自家煮制得软软的红小豆和极具口感的
寒天冻组成的豆寒天

（上）所有素材全是店家手工制作，安全、安心
的古早豆沙水果凉粉
（下）店内的桌椅排列稍显拥挤，有点像居酒屋
或者大众食堂的风格

菜 单

凉粉…………………………… 470日元
古早豆沙水果凉粉、豆寒天…各600日元
糯米粉团冰激凌豆沙水果凉粉 750日元
柚子蜜豆沙水果凉粉 ……… 650日元
田园年糕小豆粥、糯米粉团黑糖糖浆
………………………………… 各550日元

刨冰（5月—10月上旬）
糯米粉团宇治金时、宇治金时牛奶
…………………………………… 各735日元
宇治抹茶牛奶 ……………… 680日元

🎁手信
凉粉…………………………… 300日元
豆沙水果凉粉 ……………… 400日元

花南亭
かなん亭
📞 03-3672-7386
🏠 葛饰区柴又7-1-4
🚃 京成金町线柴又站步行一分钟
🕚 11:00—21:00　🈳 不定期休息
餐位35　吸烟 可以吸烟

砂糖是"甜口良药"

点豆沙水果凉粉的时候，店员总是会询问，"是需要黑糖糖浆，还是白糖糖浆呢？"我个人比较喜欢味道浓郁的黑糖糖浆，但是在吃鲜果蜜豆的时候则会选择味道比较清爽的白糖糖浆。介绍一下在家里制作糖浆的方法，将黑砂糖或者白砂糖配上等量的水进行熬煮，再使用屉布进行过滤，一直反复操作直到糖浆变得黏稠为止。黑砂糖因为没有经过精炼，所以会有很多黑褐色的杂质，尽管如此它却有着浓郁的香气，还有许多矿物质和维生素。这种由黑砂糖制作出来的黑糖糖浆除了使用在豆沙水果凉粉和蜜豆上，在制作葛粉切面、蕨菜糕等也都会用到。

作为甜点制作中必不可少的一员，砂糖在日本的历史可以追溯到遥远的奈良时代，当时遣唐使以及留学生，在回日本的时候一定会从唐朝集市带一些砂糖，不只是因为砂糖在当时的日本价格昂贵，也因为砂糖在那个时代还可以作药用。砂糖既可以作为制作点心的材料又可以为料理调味，等到砂糖变得相对普及的时候已经进入了江户时代了，全靠当时唯一被允许可以和外国进行贸易的长崎。

我听说在过去，当人们制作料理，而料理中的甜味不足时，就会感叹"长崎真远啊"，来抒发他们缺乏砂糖的遗憾心情。

砂糖被人体吸收后会转换成热量来源葡萄糖。所以当人十分疲惫的时候，吃或者喝一些甜的东西，很快就会变得精神起来，这也是很有道理的，砂糖可以说是一种速效性的热量源。

新宿区

中野区

杉并区

武藏野市

三鹰市

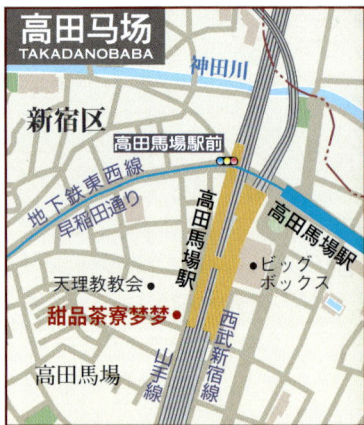

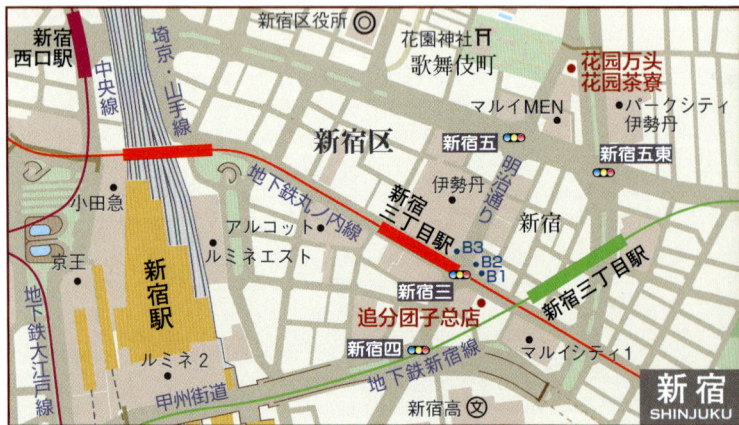

新井药师 ARAIYAKUSHI

新井小前
東亜学園高
西武新宿線
新井薬師前駅
北野神社
新井
新井薬師公園
中野区
新井五差路
卍 新井薬師
上高田本通り
丸正
新井一
上高田
富士見野
新井

吉祥寺 KICHIJOJI

甜品饮茶店櫻花茶店
吉祥寺本町
ヨドバシカメラ
井ノ頭通り
パルコ
中央線
吉祥寺駅
吉祥寺駅前
ユザワヤ
武蔵野市
御殿山
丸井
吉祥寺南町
井の頭自然文化園
吉祥寺通り
井の頭
自然文化園分園
井の頭池
井の頭公園
京王井の頭線
井泉亭
卍井の頭弁財天
三鷹市

西荻洼 NISHIOGIKUBO

西荻北
西荻窪駅
中央線
杉並区
松庵
西荻南二
杉並西荻南局 〒
西荻南中央通り
西荻南
甜食者

三鷹 MITAKA

三鷹駅
中央線
ロンロン
玉川上水
駅前局
ネオシティ
コラルミタカ
三鷹駅南
三鷹駅前
三鷹市
東急ストア
下連雀
中央通り
三鷹通り
コミュニティプラザ
甜品店高岭
三鷹産業プラザ

1 : 10,000

0   200m

地图上端为正北方向

187

纪之善

抹茶味巴伐利亚风味布丁

无人不晓的纪之善招牌产品抹茶味巴伐利亚风味布丁。巴伐利亚风味布丁的绿色、鲜奶油的白色、豆馅的深紫色，颜色的搭配也十分出色

　　纪之善开业后不久便成了东京极具代表性的甜品名店，并且到了不知道这家店就不配说自己是甜食爱好者的地步。光是豆馅这一种素材，就可以体现出店家在制作甜点过程中的细致用心，虽然使用的都是丹波产大纳言红小豆，但是会根据实际用途的不同，在烹调手法上有一定的区别。

　　不论是眼睛里看到的还是舌尖上品尝到的，都是日式和西式的完美结合，这就是抹茶味巴伐利亚风味布丁。这道甜点可以说是纪之善的门面。来上一勺巴伐利亚风味布丁放入口中，它便会柔和地在你的口腔中溶化，你可以感受抹茶带来的淡淡的苦涩味，然后这种味道又跟带皮粒状红豆沙的甜味融合在了一起，之后还有鲜奶油的味道混合进来，三种不同的味道仿佛在合唱一般，最终调和在一起，使整个味道更上一层楼。

　　这家店还有一点让人期待的地方，就是可以通过甜点来感受季节的变化。夏季会使用玻璃容器来盛放冷年糕小豆粥，这种做法令人备感凉爽，此外还有各色刨冰可以选择，冬天则会提供热乎乎的小米年糕小豆粥，烫舌的小米年糕包裹在纯豆沙馅的汤汁里，一边呼呼地吹着气一边享用，正是冬天的感觉。

　　无论是甜品制作上的用心，还是在对客人服务上的无微不至的态度，都是这家店之所以人气高涨的因素。

抹茶、豆馅以及鲜奶油
日式和西式融为一体的出色味道

(上)大颗的杏肉、味道浓郁的纯豆沙馅、富有光泽的红小豆，三位一体的杏子豆沙水果凉粉
(左)店内的二楼，除了有桌椅的席位，还有日式坐垫的座位
(下右)颗粒饱满的红腰豆、口感柔和的豆馅，这便是豆馅豆寒天了
(左下)冰镇的玻璃容器，漂浮着小冰片的冷年糕小豆粥

菜单

抹茶味巴伐利亚风味布丁、年糕小豆粥		葛粉糕	682日元
	各787日元	小锅饭	1155日元
杏子豆沙水果凉粉、豆馅豆寒天 各787日元		刨冰(5月—9月)	
冷年糕小豆粥	735日元	宇治金时	787日元
豆沙水果凉粉	682日元	手信	
小米年糕小豆粥	840日元	豆沙水果凉粉	482日元
		抹茶味巴伐利亚风味布丁	630日元

纪之善
紀の善

☎ 03-3269-2920

住 新宿区神乐坂1-12

交 JR中央线饭田桥站西出口步行两分钟，或地铁饭田桥站B3出口步行不远处

营 11:00—21:00（星期日、节日的营业时间为12:00—18:00）

休 每个月第三个星期日　餐位 80 吸烟 部分座位禁止吸烟

神乐坂茶寮

胡桃和蕨菜糕的水果挞

鲜奶油给整体的味道增添了几分华美的感觉，胡桃和蕨菜糕的水果挞（配冰激凌）

神乐坂茶寮是一家不管是店内的氛围还是所使用的菜单，都充分汲取了甜品店精髓的人气日式咖啡店。店铺由建龄40年左右的普通公寓改造而成，欧杰特式的内装风格，店铺里竖着几根古老的柱子以及贴着和纸的墙壁，玄关一侧的阳台上也设置了桌椅，新与旧没有违和感地融合在一起，让人怀念的同时也带来了新鲜感。

以水果塔、戚风蛋糕、芭菲等为代表的西式点心，全部大量使用了日式食材，这便是这家店的特征。红小豆味道浓郁的豆馅里面夹着胡桃、装饰着抹茶味蕨菜糕的水果塔，使用豆奶制作的布丁、抹茶或者焙茶的冰激凌等，虽然看起来都是很普通的西式点心的样子，但是馅芯却是黑豆、黑糖糖浆等日式的素材，吃到嘴里也完全是日式点心的风味。

豆馅作为日式甜点里最常用的素材，使用的时候必须要考虑它和别的食材的相性，尽量控制糖分的使用，让豆馅可以充分发挥红小豆本身的味道，这样做出来的甜点甜而不腻。另外，不止是素材的使用，作为专门的西点师傅，味道以外的摆盘也十分重要，漂亮的摆盘可以让食物更加美味。

日式与西式、新与旧，都混合到一起

感受新鲜感的同时又会有那么点儿怀念的感觉

（右上）非要说的话，日式元素占了主导的抹茶和黑豆豆腐的日式芭菲
（左上）黑豆和黑糖糖浆的牛奶冻，附带焙茶的冰激凌
（左）面向小巷的阳台座位，颇有几分茶店外的长板凳的味道
（下）店内立着几根古老的，像是来到了某个地方的杂木林

菜 单

胡桃和蕨菜糕的水果挞（附带冰激凌）
…………………………… 680日元

抹茶和黑豆豆腐的日式芭菲…780日元

黑豆和黑糖糖浆的牛奶冻（附带焙茶的冰激凌）………………… 780日元

丹波产黑豆豆奶制成的豆花…730日元

手信

黑糖糖浆的布朗馒头 ……… 320日元

黑豆豆奶布丁 ……………… 280日元

神乐坂茶寮
神楽坂 茶寮

☎ 03-3266-0880

🏠 新宿区神乐坂5-9

🚋 JR中央线饭田桥站西出口步行五分钟，又或者地铁饭田桥站B3出口步行四分钟

🕐 11:30—23:00（星期六、星期日、节日营业至22:00）

🈳 无休　餐位 40　吸烟 部分座位可以吸烟

甜品店花

冰激凌豆沙水果凉粉

有着满满的水果的冰激凌豆沙水果凉粉，从水果的种类就可以感受到现在的季节。如果不努力多吃水果的话，大概很难找到藏在下面的豆馅和寒天

　　本桥美知子女士一家代代都住在这里，差不多有100年的历史了。昭和55年（1980年），本桥美知子在这个她出生和成长的地方开了这家店。一直以来，她都以"感知季节的变化为第一位"这个观点来制作甜点，虽然店铺不大，但是都是她的心血。店铺的玄关和内装都是纯正的日式风格，充满了温情。毫不拘束地和客人聊天的同时还可以做到眼观六路，哪一桌需要续茶什么的绝对不会看漏，对顾客的照顾细心周到，正彰显出店主的好人品。

　　冰激凌豆沙水果凉粉里的水果多到要从碗里溢出来，季节感也同样满溢了出来。为了尽可能多地表现出当时当季的味道，现切的水果种类竟然有十种以上。

　　杏子刨冰带来的清爽感觉和实在的分量，光用眼睛就可以感受。顶端是三粒自家煮制的糖煮杏肉，不仅如此，杯底和刨冰上还有大量用杏子做成的酸酸甜甜的杏子露。

　　到了冬天，新鲜捣制的小米年糕被蒸得热乎乎的，再配上热腾腾的红豆沙，小米年糕小豆粥可是冬季的人气商品。临走的时候还可以拿到店家赠送的奶糖和巧克力，真的是心思细腻让人印象深刻的一家店。

眼观六路、照顾周到、心思细腻的店主

以及和店主的人品一样的好店铺

刚做好的冷糯米粉团，配有黄豆粉、黑糖糖浆、砂糖。只加入砂糖，这种最简单的吃法也同样好味

豆寒天。大量自家煮制的红腰豆，以及吃起来有点淡淡咸味的弹牙寒天冻

装饰有日本人偶等江户玩具的纯日式风格店铺，常客以文静的太太们为主

容器会先在冰箱里冻一下，满满一杯杏子刨冰，吃上几口立刻便会觉得凉爽起来

菜 单

冰激凌豆沙水果凉粉	750日元	田园(御膳)年糕小豆粥	各750日元
冷糯米粉团	650日元	刨冰(6月—9月)	
豆寒天	550日元	杏子刨冰	780日元
豆沙水果凉粉	680日元	杏子牛奶刨冰	900日元
蜜豆	650日元	🎁手信	
小米年糕小豆粥(10月—次年3月)		蜜豆、凉粉	各450日元
	780日元	豆沙水果凉粉、豆寒天	各480日元

甜品店花
甘味处 花

☎ 03-3267-5478

🏠 新宿区神乐坂6-8

🚇 地铁东西线神乐坂站1号出口步行三分钟

🕐 13:00—19:00（星期六营业至18:00）

🈺 星期日、星期一、节日

餐位 22　吸烟 禁止吸烟，不可携带幼儿

鲷鱼烧若叶

鲷鱼烧

鲷鱼烧香气扑鼻，而且真的是皮薄馅大，可以透过表皮看见里面豆馅的颜色。夏天将其冷冻后再半解冻，这时候的鲷鱼烧吃起来就像是小仓冰激凌，既好吃，又消暑

　　从新宿大街开始一直向南行，就可以在胡同的一角找到鲷鱼烧若叶了，正面右半部分是店铺，左半部分是制作鲷鱼烧的作坊。店铺虽小但是味道一流，从早到晚客人都络绎不绝，16名工作人员一刻不停地轮流制作着鲷鱼烧。冬天的话，一天最多可以卖到3000个鲷鱼烧，夏天会少一点，但是平均一天也可以卖掉1000个。

　　店铺在20世纪中期，由现任店主小泽市明先生的祖父在现在的所在地创建。刚开业不久的时候，作家、戏剧评论家安藤鹤夫先生和妻子偶然来到这里，被连鲷鱼烧的鱼尾都加了满满豆馅的老板这种真诚的品质所打动，写下了"我从那个鲷鱼烧里品尝到了人间的真诚"的句子。小泽市明觉得，可以让安藤鹤夫如此感动的连鱼尾都充满豆馅的鲷鱼烧是这家店的根本。

　　豆馅每天新鲜制作，并且只煮第二天需要的量，表皮不含任何动物性脂肪的成分，只使用植物性的原料。制作鲷鱼烧的模具，一个就有五千克重，这样的模具一位烤制鲷鱼烧的师傅就有十个，轮流使用。多亏这样的重体力劳动，才能做出这样天然的鲷鱼烧。那么你要从哪里下嘴呢？是头，还是尾巴呢？

（左）为了配合丸子的口感和风味，豆馅丸子所使用的豆馅和鲷鱼烧的豆馅有些细微的不同
（左下）御手洗丸子使用的是控制了甜度的独家自制酱油汁
（下）坐在店里的椅子上细细品味鲷鱼烧。男性一般从鲷鱼烧的头部开始吃，而女性多数从尾巴开始吃

由成年男子才可以胜任的重体力劳动所创造
连尾部都加入了满满豆馅的元祖鲷鱼烧

将面糊和豆馅加入到模具中。一个鲷鱼烧平均需要烤制63分钟

菜　单

鲷鱼烧（一个）……………… 126日元	红豆牛奶刨冰…………… 525日元
御手洗（豆馅）丸子（一串）… 各110日元	**手信**
*鲷鱼烧、丸子的手信也是同等价格	豆馅　300克……………… 388日元
刨冰（梅雨季节过后一整个夏天）	600克……………… 777日元
若叶特制红小豆刨冰……… 472日元	廉价装一千克…………… 1260日元
宇治金时………………… 525日元	

鲷鱼烧若叶
たいやき　わかば
☎ 03-3351-4396

🏠 新宿区若叶1-10
🚃 JR中央线四谷站四谷出口步行五分钟
🕘 9:00—19:00（节日营业至18:30）
休 星期日　餐位 14　吸烟 禁止吸烟

追分团子总店

追分团子

追分团子的品种繁多，始终保持有十种以上，最具人气的要数御手洗团子、纯豆沙馅团子、白豆馅团子（从左边开始）

　　据说在很久以前，江户城城主太田道灌曾经在带着老鹰狩猎的时候品尝过道灌团子，江户时代之后，新宿追分宿的团子则深受旅客们的喜爱。之后又以道灌团子和追分宿的团子为根源，又出现了"追分团子"，自昭和23年（1948年）开业以来，追分团子都一直是这家店的招牌商品。店家认为"团子最重要的是有柔软又弹牙的口感，以及可以让人怎么吃都不会觉得腻的甜度"，所以除了要严选材料以外，每天半夜就要开始着手准备当天拿来出售的团子。

　　追分团子全年都有出售御手洗团子、纯豆沙馅团子、抹茶豆馅团子、白豆馅团子、草味年糕团子、芝麻团子、海苔包团子、梅七味团子、生抽团子、生姜团子这十种团子，此外还会根据季节出售竹笋团子、栗子团子、柿子团子等，种类不可谓不丰富。在这些团子里，酱汁和团子的整体感觉最好的就是御手洗团子了，它也是卖得最好的团子。

　　外面是小卖部，里面则是甜品店，在这里不但可以品尝到两串、三串团子的组合套餐，还有供应豆沙水果凉粉、年糕小豆粥等各色甜品。

与太田道灌有几分渊源的名产团子
在今天的新宿追分依旧很受欢迎

（上）味之散步主要有御手洗团子、豆沙水果凉粉、凉粉

（左）口感柔和的纯豆沙馅的冰激凌豆沙水果凉粉，是正统的东京风味

（下）店内的装饰风格简单率直，让人不禁觉得像是哪家旅馆的茶屋

菜 单

追分团子三串装	662日元	凉粉	525日元
味之散步	998日元	刨冰（6月—9月）	
冰激凌豆沙水果凉粉	945日元	草莓刨冰	914日元
豆沙水果凉粉	788日元	🎁 手信	
田园年糕小豆粥	840日元	各种追分团子（一串）	158～189日元
豆寒天	735日元	糯米粉团豆沙水果凉粉	420日元

追分团子总店
追分だんご本舗

☎ 03-3351-0101

🏠 新宿区新宿3-1-22

🚇 地铁丸之内线、都营新宿线新宿三丁目站B1出口各步行不远处

🕐 11:00—20:00　🈺 无休

餐位 30　吸烟 星期六、星期日、节日禁止吸烟

花园万头花园茶寮

葛粉流水素面

光是听名字就会感觉到凉爽的葛粉流水素面，请配上味道浓郁的黑糖糖浆食用，面是花园茶寮拿手的葛粉切面

　　花园茶寮作为花园万头总店的甜品店，于昭和5年（1930年）在当地同时建立。在店铺内部还设有茶室甘雨亭，在这里，不论是谁都可以轻松自在地品尝抹茶和带馅日式点心。除了星期一，这里一直都会有里千家的茶道师傅在这里常驻，可以现场为客人点泡茶水。

　　"日本第一贵，日本第一好吃"是花园万头的广告语，凭借高价的馒头而广为人知。价格虽贵，但绝不是漫天要价，北海道产的大纳言红小豆，配上高品质的冰砂糖和德岛产的和三盆糖，加在一起制作成豆馅。因为食材全都是精挑细选的高级货，再加上手工制作的过程复杂十分耗费人工，所以才会有这样的价格。作为花园茶寮招牌商品的葛粉流水素面，为了追求爽滑和弹牙口感的极致，自然全部都采用本场吉野的本葛来制作。

　　每个月都会更换五种带馅日式点心，充满清凉气息的夏季冷年糕小豆粥，以及冬季的小米年糕小豆粥和栗子年糕小豆粥，在这些甜点的制作上也是一样，都对食材进行严格要求。与花园万头的馒头齐名的著名商品还有撒满了甜纳豆的甜纳豆冰激凌，真的很想尝尝看。

在馒头的制作上一丝不苟的同时
最大限度地活用食材来创造甜品

甜纳豆冰激凌。冰激凌被一颗一颗的甜纳豆包围

宽敞舒适的茶寮深处是简单朴素、富有格调的茶室甘雨亭

冷年糕小豆粥，最好要在冰块完全融化之前赶快吃掉

在茶室里可以享用到当面点泡的抹茶和带馅日式点心（照片中为青梅）

菜 单

葛粉流水素面	1050日元	御膳(小仓)年糕小豆粥	各840日元
冷年糕小豆粥	945日元	豆寒天	683日元
抹茶和带馅日式点心	788日元	凉粉	735日元
甜纳豆冰激凌	630日元	刨冰(6月—9月上旬)	
豆沙水果凉粉	840日元	宇治金时、梅子刨冰	各945日元

花园万头花园茶寮
花園万頭 花園茶寮

☎ 03-3352-4651

🏠 新宿区新宿5-16-15

🚇 地铁丸之内线、都营新宿线新宿三丁目站B2出口或者B3出口步行三分钟

🕐 11:00—18:15（星期六、星期日、节日营业至17:15）

🈺 无休　餐位 24　吸烟 禁止吸烟

甜品茶寮梦梦

抹茶意式冰激凌
栗子糯米粉团豆沙水果凉粉

以店家拿手的意式冰激凌为主，配料的种类多到让人惊喜，这就是抹茶意式冰激凌栗子糯米粉团豆沙水果凉粉

　　白漆的墙壁和天花板，木块拼花的地板，围绕着房间的是深黑色的裙板。天花板上垂下来的高级的枝形吊灯由五朵一组的郁金香组成，此外桌子和椅子也都是英国制造的高级古董家具。在大厅的一角有一座目测高度超过两米且做工精巧的摆钟，再往里还有一架三角钢琴压轴。与其说这里是甜品茶寮，不如说更像是一家雅致的欧洲高级料理店。

　　"因为是先有的家具，所以店内的装修式样都是配合家具来设计的"，这么说的正是这家店的所有者木下正子女士。木下正子本身就是声乐家，而且曾经在NHK教育台的《唱歌的小姐姐》节目组里工作过，说话的声音也十分好听。

　　在这雅致的店里，风雅地品尝着抹茶意式冰激凌栗子糯米粉团豆沙水果凉粉的确是一件惬意的事情。虽然有着各种各样的配料，但是最让人印象深刻的还是作为主角的抹茶意式冰激凌，不愧是店家的得意之作，香醇浓郁的味道令人难以忘怀。夏橙牛奶刨冰中果肉和果汁的酸味给舌尖带来了凉爽的感觉，另外梦梦最中的造型也十分可爱，两头泰迪熊就好像是要接吻一样面对面地贴在一起。

被古董家具所包围
享受这令人陶醉的梦的时光

（左）梦梦最中。有带皮粒状红豆沙馅加意式冰激凌，以及香蕉加意式冰激凌两种口味的馅料

（右上）加入了大量夏橙果肉的夏橙牛奶刨冰，光是用眼睛看就让人有了凉爽的感觉

（右下）装饰有香草的手工蛋糕配香草冰激凌

奢华的古董家具中透着质朴，店内充满小资情调，因此时不时会被包下来举办音乐会之类的活动

菜　单

抹茶意式冰激凌栗子糯米粉团豆沙水果凉粉……………… 960日元	年糕小豆粥 ………… 540日元
梦梦最中 ………… 630日元	意式冰激凌年糕小豆粥 …… 580日元
手工蛋糕配香草冰激凌（附带饮料）	刨冰（全年）
………… 1050日元	夏橙牛奶刨冰 ………… 630日元
蜜豆 ………… 580日元	夏橙刨冰 ………… 530日元
豆沙水果凉粉 ………… 620日元	金时刨冰（宇治） …… 各530日元
糯米粉团豆沙水果凉粉 …… 720日元	* 糯米粉团、牛奶、意式冰激凌可以根据需要添加，分别需100日元

甜品茶寮梦梦
甘味茶寮　夢々

☎ 03-3368-6166

🏠 新宿区高田马场4-4-34 AK大厦1F

🚉 JR山手线高田马场站户山出口步行不远处

🕐 12:00—21:00（星期六营业至18:00）

🚫 星期日、节日　**餐位** 42

🚬 部分座位禁止吸烟

富士见野

冰激凌糯米粉团年糕小豆粥

大颗的糯米粉团以及冰激凌，这就是冰激凌糯米粉团年糕小豆粥。糯米粉团的口感十分好，遗憾的是冰激凌糯米粉团年糕小豆粥只有夏天才能吃到

　　沿着赏樱的名胜新井药师寺前的参道——药师爱街就可以找到这家店。店面并没有什么可以让人一眼就记住的特征，看起来和那些随处可见的普通食堂兼卖甜品的店铺没什么区别，感觉每条商业街都会有一两间这样的店。但是千万不要因此就小看它，富士见野自昭和9年（1934年）创立以来，店里出售的商品基本上都是手工制作的，包括了豆沙水果凉粉、蜜豆等甜点，另外还有店铺柜台里陈列的那些丸子、年糕、馒头、红豆糯米饭等。这种认真周到的工作态度吸引了不少长期光顾的顾客，到了下午店里就会坐满了住在附近的客人。

　　年纪不大的现任店主石山繁先生与妻子石山和枝女士，夫妻俩已经是第三代经营者了。两人学习并继承了上代店主的手艺，每天一早就开始着手准备一天所需要的食材，开店后更是要不停地穿梭于厨房与大厅之间。湿润香甜的豆馅、弹性好又可以拉得很长的杵捣制年糕，还有因为无法大量制作所以总是早早就卖完的红豆糯米饭等，不论哪个都充满了昭和30年代的风情，让人怀念的质朴味道。

　　像甜品一样具有人气的还有拉面，汤头自不用说，里面的笋干和叉烧也都是店家自己手工制作的。其味道和样子都让我想起过去的中华荞麦面。

深受当地人喜爱的认真的店铺
店内的商品几乎都由手工制作

（上）放满了各色时令的新鲜水果的鲜果蜜豆
（下）丸子（靠近手边）以及油炸豆腐寿司，既可以在店内享用，也很适合带回家

（上）年糕小豆粥里是大块用杵捣制的年糕
（左）仿佛是当地商店街的社交场所一样，清爽温馨的店内，一点都不会让人有拘谨的感觉

菜单

冰激凌糯米粉团年糕小豆粥	540日元	田园年糕小豆粥	440日元
年糕小豆粥	520日元	豆馅裹年糕	580日元
鲜果蜜豆	480日元	豆寒天	320日元
丸子（一串）	70日元	凉粉	250日元
油炸豆腐寿司（一个）	65日元		

富士见野
冨士見野

☎ 03-3386-5640
🏠 中野区新井1-31-5
🚃 西武新宿线新井药师前站南出口步行七分钟
🕙 10:00—20:00　　 休 星期一
餐位 25　 吸烟 可以吸烟

甜食者

草莓牛奶金时

色泽鲜艳美丽的草莓牛奶金时。草莓和带皮粒状红豆沙的量都大到惊人

从西荻洼站出发，一直向南前行，就会来到一条道路狭窄的商店街，不大的店面有着民俗风味的外观，店内的柱子和桌子都闪着古朴的光泽，虽然一看就知道是些有年代的旧物了，但是却让人有很舒服的感觉。从昭和40年（1965年）开业至今，店主的年纪也越来越大了，因此原本只是客人的池直志先生于平成12年（2000年）继承了店铺，成了现任的店主。

除了每天的14点到16点这段时间妻子会来帮忙以外，其他时间的一切事务都是池直志一个人忙活。每天早晨都要把前一晚浸泡的带广产红腰豆拿出来煮制，把北海道产的大颗粒的红小豆煮上12个小时，使用石臼的年糕捣制机器捣制年糕，用糖浆煮杏子，以及制作糯米粉团和牛皮糖……这些全部都是池先生的工作。手上的工作可以说是根本停不下来，虽然工作强度如此之高，但是付出也是有回报的，因为店里的草莓牛奶金时已经成了甜食爱好者间传说级别的存在了。

正因为花了这么多工夫，做出来的甜点才能这么好吃。

豆寒天的红腰豆柔软又大颗，豆香浓郁

糯米粉团豆沙水果凉粉的味道充满了田园的气息。味道清爽的纯豆馅的口感很好

田园年糕小豆粥。石臼捣制的年糕又黏又香

朴实无华的店内只简单地装饰了几件饰品，整个店铺都十分整洁

正因为曾经是顾客才更加地满怀诚意 在制作甜点的工序上绝没有半点偷懒

菜 单

豆寒天	550日元	宇治金时	780日元
糯米粉团豆沙水果凉粉	700日元	草莓刨冰	680日元
田园年糕小豆粥	650日元	🎁手信	
杏子蜜豆	650日元		500日元
凉粉	450日元	蜜豆	
刨冰（5月—10月）		豆沙水果凉粉、豆寒天、炼乳羊羹	
草莓牛奶金时	890日元		各550日元
		杏子羊羹	650日元

甜食者
甘いっ子

☎ 03-3333-3023
🏠 杉井区西荻南2-20-4
🚃 JR中央线西荻洼站南出口步行五分钟
🕐 11:00—20:00　休 星期一
餐位 24　吸烟 可以吸烟，但是7月—8月禁止吸烟

甜品饮茶店樱花茶店

樱花三昧

樱之年糕小豆粥（远处）、樱之冰激凌（右手边）、樱之芝士蛋糕组成的樱花三昧，宛如由樱花演奏的一曲变奏曲

　　樱花茶店的女主人南部嘉子女士以井之头公园的樱花为主题，本着"希望可以有一间哪怕女性独自一人也可以悠闲地享受休闲时光的店"的想法，于平成元年（1989年）创立了这家樱花茶店。虽然是叫茶店，但是当你走过一段陡峭的楼梯，来到位于地下一层的茶店，看到店内的装潢风格的时候，一定会忍不住要感叹"这哪里像是茶店啊"。木块拼花的地板、墙上的裙板，以及粗壮的横梁和柱子，还有那用一整块木板制成的大桌子以及旁边的椅子，全部使用的是光滑的樱树木材。褐色的樱材树木和被漆成白色的墙壁和天花板，二者之间的颜色被很好地调和到了一起，店内是稳重的英式山庄风格，能够使人心情平和。

　　虽然并不像个茶店，但倒是十分符合茶店的名字——"樱花"。先将大岛樱的叶子和八重樱的花朵制成盐渍，再将这些盐渍进行一番熬煮，从而得到其中的精华，再使用这些精华制作出各种契合樱花主题的甜点。例如，樱花三昧就是有着使用樱花的精华煮出来的樱之年糕小豆粥、使用樱花叶子包裹的樱之冰激凌、同时拥有樱花和樱叶的樱之芝士蛋糕这三种樱花美食的套餐。除此之外还有樱花糖浆、樱花寒天冻以及樱花绿茶。樱花柔和的香气是那么醉人，对女店主来说，探求在哪里使用樱花的元素以及要如何来使用也可以说是一件乐事了。此外还准备有樱花御膳等多种使用樱花的小吃。

临近樱之公园且充斥着樱花味道的茶店

把樱花的色、香、味通通吃进肚子里

有着大量水果和樱花冰激凌的樱花芭菲，春季限定。使用了樱花的糖浆

蕨菜糕配樱花绿茶的日式点心套餐

这边也是充满各种樱花元素的樱花茶店豆沙水果凉粉，配料十分丰富。寒天冻中还加入了樱花

庄重的英式山庄的内装风格，和日式的照明意外契合

菜　单

樱花三昧	900日元	刨冰（7月中旬—9月上旬）	
樱花芭菲（春季限定）	1180日元	樱花刨冰、抹茶刨冰	各880日元
樱花茶店豆沙水果凉粉	950日元	豆沙水果凉粉刨冰、梅酒刨冰	各950日元
日式点心套餐	850日元	**手信**	
樱花荞麦面和樱花饭团	1080日元	糯米粉团年糕小豆粥、蕨菜糕、练切、樱之芝士蛋糕	各300日元
樱花御膳	1800日元		

甜品饮茶店樱花茶店
甘味喫茶 さくら茶屋

☎ 0422-22-3948

住 武藏野市吉祥寺本町2-10-12 GREENHOUSE伊势平B1F

交 JR中央线吉祥寺站北出口步行五分钟

营 11:00—20:00　休 无休

餐位 4　吸烟 可以吸烟

井泉亭

田园年糕小豆粥

用自己家水井里的井水煮制的田园年糕小豆粥，红小豆颗颗饱满，味道醇厚

　　在江户时代，这里因为参拜井之头弁财天的人流的关系，十分热闹。大正2年（1913年），井之头恩赐公园作为日本第一家郊外公园得到了修缮。这里有着丰富的水资源以及茂盛的绿植，此外这里的樱花也十分美，所以一年四季游客都络绎不绝。公园里有十家茶店，其中以弁财天神社前的井泉亭的历史最为悠久，一直可以追溯到江户时代。在天气晴朗的日子里，坐在并排着的椅子上，眺望着不远处的池子，一边感受清风拂面，一边品尝甜点，如此惬意，似乎甜点的味道也变得更好了。

　　在公园中央地区，不只有曾经是神田上水水源的井之头水池，这里从过去开始就有着丰富的水资源。正如店名一样，井泉亭在店铺的后面有一口属于井泉亭自己的井，一直到今天店家仍旧在使用这个井里的地下水来制作甜点。从红小豆的煮制开始制作豆馅使用的就是井里的地下水，而用地下水煮出来的红小豆的味道比一般的水煮出来的味道更加醇厚。

　　到了夏天，便会来很多在绿荫下躲避阳光暴晒的游客，这时候刨冰便成了最具人气的商品。从黄油面酱开始手工制作的咖喱饭也颇受好评。吃一吃井泉亭的甜品或者咖喱饭，简直就是来井之头公园散步的必选项目，天气好的周末顾客甚至可以排成一条长队，十分热闹。

被充满生机的绿植和风所包围
使用有名的井水制作各种食物

（左）使用井水煮制的带皮粒状红豆沙，配上大量的新鲜水果的豆沙水果凉粉

（下）凉粉上豪爽地盖满了片状海苔

（右）丰饶的绿色和丰富的水资源、轻轻吹过的风。与其说是一家店，不如说是庭院更加合适

菜 单

田园年糕小豆粥	400日元	甜酒（11月—次年4月）	300日元
豆沙水果凉粉	500日元	手工咖喱饭	700日元
凉粉	300日元	刨冰（6月中旬—9月中旬）	
蜜豆	400日元	草莓味刨冰（蜜瓜味、柠檬味）	各300日元
冰红小豆（6月—9月）	400日元	草莓牛奶刨冰	400日元
特制葛粉糕	500日元	草莓冰激凌刨冰	500日元

井泉亭
井泉亭

☎ 0422-47-6875

🏠 三鹰市井之头4-1-7

🚇 JR中央线吉祥寺站南出口步行八分钟

🕐 10:00—18:00（冬季营业至17:00左右）

🈺 雨天休息　餐位 30　吸烟 可以吸烟

209

甜品店高岭

鲷鱼烧

怎么吃都不会觉得腻的高岭的鲷鱼烧。圆滚滚的样子和厚实的身体，比起鲷鱼感觉更像是金鱼

　　店主末木孝尚先生是一名倔强的好青年。除了让店员轮流烤制店里的招牌商品鲷鱼烧之外，其他工作全部由自己一个人承担，一直默默地制作这个，制作那个。不论是将北海道产的襟裳种的红小豆煮制成豆馅，还是将伊豆大岛产的天草煮成寒天冻，又或者是将波间岛产的黑糖制作成糖浆，这些事情对店主来说都是小菜一碟。20种左右的日本茶，全部是刚从各自的田里采摘下来就被分门别类，水全部通过净水器汲取，就连烧水用的器皿都是南部铁瓶中的名品。不只是这样，连椅子、桌子、照明等，也全部都是从欧美的古董市场购入的，而且店主只要有空就会出门，在全日本寻找心仪的食材。

　　店主对店里的一切可以说是全身心地投入，这些都可以从店内装潢和商品的味道里感受到。鲷鱼烧也好，茶也好，刨冰也好，不放过其中的每一个细节，店主忘我地投入到这些甜点的制作中去，如此高标准严要求，实在是令人钦佩。

　　店里却总是坐满了沉迷聊天的老婆婆们。家附近能有这样一家店真的是一件十分幸福的事情，而最清楚这一点的肯定是这些常客了。

不论什么都一个人亲力亲为的这份从容
店主亲手泡制的茶真是好味道

（右上）奥八女茶传统本玉露山雾。所有的茶都附带印有产地和生产者的牌子

（右下）倔强的店主所制作的豆沙水果凉粉，似乎并没有什么装饰的心情，但是味道真的没话说，食在舌尖，却浸透了心脾

（左上）使用秘传技术制作的刨冰，一闻到这抹茶的香味便知道这份宇治金时绝对对得起它的价格

（左）店内的装潢风格十分舒心，保证是一个放松身心的好地方。其实厕所有着十分有趣的机关

菜 单

鲷鱼烧（两个）· · · · · · · · · ·	350日元		刨冰（全年）	
豆沙水果凉粉 · · · · · · · ·	600日元		宇治金时 · · · · · ·	950日元
蜜豆 · · · · · · · · ·	450日元		红小豆刨冰· · · · · ·	700日元
年糕小豆粥 · · · · · · · · ·	580日元		手信	
奥八女茶传统本玉露山雾 · · ·	800日元		鲷鱼烧（一个） · · · ·	125日元
川根茶朝霞、天龙茶清流＊全部属于煎茶			芝麻丸子（一串）· · · ·	105日元
· · · · · · · · · · 各750日元				

甜品店高岭
甘味处たかね

☎ 0422-44-8859

🏠 三鹰市下连雀3-32-6

🚃 JR中央线三鹰站南出口步行十分钟

🕙 10:00—18:40　　休 星期一、星期二

餐位 25　吸烟 可以吸烟

甜点中具有代表性的素材有哪些

红小豆

甜点是素材基础中的基础。红小豆，也叫作赤豆，是一种豆科的植物。早在《古事记》里就有记载了，由此可见在日本红小豆使用的历史非常悠久。一方面红小豆因为富含蛋白质、各种矿物质以及食物纤维，最近又被视为健康食品而广受瞩目。全日本红小豆产量的七至八成都来自北海道的十胜、札幌、函馆、北见近郊地区。特别是大颗粒的红小豆，统称大纳言，主要了和一般的红小豆做区分，其中又以京都丹波地区产的品质最好，这种品质上乘、少量生产的大纳言红小豆被冠上了"丹波大纳言"的商标，成了红小豆中的名牌。另一方面，进口的红小豆也很多，如从中国进口的天津红小豆、东北红小豆等。

豆馅

将红小豆之类的豆子熬煮之后磨碎，再加上砂糖继续熬煮而成的食材一般统称为豆馅。主要区别有两种，一种是带皮粒状红豆沙，在制作过程中并没有过度磨碎，没有经过过滤，保留了豆皮；另一种则是纯红豆沙，顾名思义经过了过滤，只有细腻的豆沙，没有豆皮。当然每家店都有自己的制作方法和称呼，并没有一定的规定。不管怎么样，从红小豆开始制作的豆馅都是十分花费时间的，所以也有不少甜品店会选择从专门制作豆馅的作坊购买豆馅。还有使用白芸豆制作的白豆馅，以及使用青豌豆制作的青豆泥等。

寒天冻

寒天冻现在因为富含大量植物纤维，作为安全、安心的健康食品而保持着巨大的人气。寒天冻是由天草加上酸煮制出来的液体，之后凝固得来的。天草是海产红藻中的一种，一般出产自伊豆七岛，其中又以神津岛产的品质最好。先不提单独的寒天冻，还有凉粉、蜜豆等甜点里加入了骰子形状的寒天冻作为原料的一部分，这是大家都知道的。不过在自家从天草开始制作寒天冻是一件非常花费时间和精力的事情，所以直接购买工厂生产的寒天块、寒天丝、寒天粉的店家也不在少数。顺便一提，之所以寒天冻的生产地往往会在远离海边的长野县的伊那、诹访地区，是因为想要干燥寒天必须要有寒冷的天气。

砂糖

想要制作豆馅，砂糖是必需的，一般家庭会使用到的大部分是高级白糖，以及将高纯度的砂糖结晶化以后获得的细砂糖。甜点豆沙水果凉粉、葛粉糕中不可或缺的黑糖糖浆是使用在制成砂糖之前、没有经过精制的黑糖煮制而成的。黑糖虽然基本产自奄美大岛、冲绳诸岛，但是其实每个岛的黑糖的味道都会有一些区别，有的店会在黑糖的混合上下很大功夫，就是为了将多种不同产地的黑糖混合出独家特色的味道。例如，经常会听到或者看到的和三盆糖就是使用竹糖作为原料，经过复杂的工序，手工制作的。和三盆糖的制作可以追溯到大约200年前，是只有在德岛县的一小部分地区才会制作的高级糖。其在舌尖溶化的感觉，以及高贵的香味和甜味令人难忘，一般被使用在日式干点心的制作中。

干磨粳米粉

和水磨糯米粉并列，是日式点心制作过程中不可缺少的一种粉。将精白米水洗再干燥之后，再将其磨成粉，得到的就是干磨粳米粉了。蒸过之后口感弹牙，十分有嚼劲，所以一般作为制作丸子的材料。

水磨糯米粉

将浸泡在水里的糯米就这样放入石臼里研磨，研磨出来后先在水中待其沉淀，滤掉水分，进行干燥。这样做出来的水磨糯米粉一般用于制作糯米粉团，混合砂糖和麦芽糖制作牛皮糖，或者大福等甜点。

甜点中的必选

豆沙水果凉粉

昭和5年（1930年），银座若松的第二代店主森半次郎先生构思并创造了甜点界永远的畅销品——豆沙水果凉粉。以现在的眼光来看，豆沙水果凉粉好像随便什么人都能想到，但是在那个只会制作豆馅的年代，豆沙水果凉粉的创新虽然单纯却十分新鲜。现在人们还会将新鲜的水果以及冰激凌添加其中，或者是加上一些蜜渍的杏子等，每家店都会有不同的变化，这样看来豆沙水果凉粉可以说是无敌了。

小仓冰激凌

小仓冰激凌是混有带皮粒状红豆沙、有点果子露风格的冰激凌。在大正4年（1915年），汤岛蜜蜂（当时的屿甜屋）因一次偶然而诞生的冷冻点心，日式风味的冰激凌，一推出就受到了欢迎。虽然是冰激凌，但是却没有使用牛奶，因此不少店家会将独家自制的小仓冰激凌作为自家的招牌商品。

刨冰

清少纳言的《枕草子》里曾经写到过"用金属制的刀具来削冰，再淋上甘薯甜浆"，由此可见，日本从遥远的平安时代便开始削在冰室中保存的冰块，并且使用藤蔓的汁液制作淋在刨冰上的甜味调料，来制作刨冰了。当然，这种刨冰在当时是高级的高价品，即使是在皇宫中也只有极少数人可以品尝到它的味道。刨冰真正得到普及大约是在明治2年（1869年），在横滨的马车道有刨冰屋开始营业。刨冰里的抹茶都被叫作宇治，而红小豆馅都被叫作金时，这可以说是一种约定俗成。不论在哪里都十分有人气的宇治金时，都是由淋着抹茶酱汁的刨冰和豆馅的组合。另外，像只是单纯地淋上糖水或者胶糖蜜的这种比较简单的刨冰，之前几乎是看不到了，而最近似乎又开始一点点地回归了。天然水的刨冰可以在糕饼点心店不倒翁屋品尝到。

葛粉切面

将溶于水中的葛粉冷却之后就会凝结成固体，再将薄薄的葛粉切成面条的形状，葛粉切面便完成了。吃的时候不要忘了给漂浮在水中的葛粉切面加上甜甜的糖浆。葛粉由豆科植物中的葛的根制成，将葛根浸泡在水中敲打，再将榨出来的汁液晒干，获得的就是葛粉了。因为产量很低，所以市面上不少葛粉切面都是使用甘薯类的淀粉制作的。葛粉以奈良县吉野加工生产的"吉野葛"最为出名，被评为最高级的葛粉。只使用吉野葛制作的葛粉切面价格自然也不会便宜，但是真正的葛粉切面，其柔软又有弹性的口感，以及其似有似无的淡淡甜味等，如此上等的味道，绝对物有所值。

年糕小豆汤

除了店里卖的和路边摊卖的以外，还会有一些担着担子走街串巷的小贩会卖年糕小豆汤。年糕小豆汤的味道是可以代表江户的味道。红小豆馅的汤汁，再加上砂糖进行熬煮，方年糕或者糯米粉团、小米年糕等各种适宜的食材都可以加进去。纯豆沙馅和带皮粒状红豆沙馅，其中以带皮粒状红豆沙馅年糕小豆汤的叫法最多，各家店的叫法也各种各样，没有统一。纯豆沙馅一

般就叫作御膳年糕小豆汤，而带皮粒状红豆沙馅有时候就是直接叫带皮粒状红豆沙馅，有地方又会叫小仓年糕小豆汤，又或者叫作田园年糕小豆汤。在关西纯豆沙馅和带皮粒状红豆沙馅又叫作年糕小豆汤和年糕小豆粥。

年糕小豆粥

在关东将汤汁比较少且浓稠的年糕小豆汤，又或者是那种没有汤汁只有豆馅的都叫作年糕小豆粥。大部分情况下还包括小米年糕或者糯米粉团等。热乎乎的小米年糕小豆粥是冬季甜品中的首选。

凉粉

将寒天通过专用的容器进行压制，形成一根根像细乌冬的凉粉。吃起来口感爽滑弹牙，还有着淡淡的大海的气息，吃下去让人心情舒畅，拿来做下酒菜的人也不少。淋上三杯醋，再来点芥末，这种是东京的吃法，而加黑糖糖浆则是关西的风格。

豆寒天

豆寒天的食材很简单，只有蒸或者煮制的红腰豆以及寒天冻，之后再淋上一些糖浆食用。正因为制作起来如此简单，食材的好坏就格外明显，制作食材的技术就显得尤为重要。寒天冻的口感是不是足够弹牙，红腰豆的颗粒是不是饱满，表皮是不是有光泽，内部是不是煮透，这些便成了豆寒天味道好坏的关键。

蜜豆

最初蜜豆就只是在煮好的红腰豆上淋上糖浆的简单甜品。明治36年（1903年），浅草的舟和本店开始出售加入菠萝等罐头水果、骰子形状的寒天冻，以及牛皮糖等的"元祖蜜豆"。从那以后已经过了100多年，现在的各个店都会给自家的店里的蜜豆加很多配料，蜜豆变得像豆沙水果凉粉一样丰富多彩。

蕨菜糕

蕨菜糕使用由蕨菜的根茎制成的蕨菜粉制作而成，是关西十分流行的甜点。淡茶色的蕨菜糕柔软到令人震惊，并且很容易拉伸，还散发出淡淡的大自然的香味。令人遗憾的是，因为本蕨菜粉的生产工序十分复杂，日本国内产量稀少，所以经常会使用红薯粉或者木薯粉来代替。

大范围地图索引

朝霞
朝霞市
和光市
和光市
新座市
埼玉県
和光IC
東京外環自動車道
浮間舟渡
北赤羽
埼京線
東北・上越
長野新幹線
京浜東北線
成増
東武東上線
板橋区
関越自動車道
光が丘公園
東武練馬
大泉IC
練馬IC
上板橋
北区
十条
練馬区
ときわ台
保谷
大泉学園
西武池袋線
としまえん
石神井公園
石神井公園
練馬
江古田
桜台
1 P221
豊島
池袋
東伏見
武蔵関
上石神井
東長崎
西武新宿線
哲学堂公園
サンシャインシティ
目白
武蔵野市
善福寺公園
環八通り
新井薬師
新井薬師
甜点饮茶店
樱花茶店
吉祥寺
西荻窪
荻窪
阿佐ヶ谷
高円寺
中野
東中野
高田馬場
早大
三鷹
中央線
3 P225
中野区
4 P227
杉並区
新宿区
P186
甜食者
P186
甜点店
高岭
P186
井泉亭
井の頭公園
環七通り
都庁
新宿
新宿御苑
京王井の頭線
代々木
四ツ
東京都
高井戸
三鷹市
高井戸IC
千駄ヶ谷
中央自動車道
明治神宮
信濃町
芦花公園
原宿
7 P233
8 P235
京王線
千歳烏山
桜上水
仙川
蘆花恒春園
下北沢
渋谷区
渋谷
甲州街道
つつじヶ丘
P81
樱子
豪徳寺
経堂
山手通り
恵比寿
調布市
小田急線
東急世田谷線
三軒茶屋
恵比寿ガーデンプレイス
祖師ヶ谷大蔵
中目黒
山手線
世田谷区
成城学園前
馬事公苑
狛江市
喜多見
11 P241
12 P243
目黒
狛江
砧公園
目黒不動
駒沢公園
玉川通り
東京IC
五反田
登戸
目黒区
東急目黒線
宿河原
東急東横線
二子玉川
目黒通り
品川
多摩区
洗足
等々力
自由が丘
大岡山
東急大井町線
久地
旗の台
津田山
等々力渓谷
15 P249
16 P251
武蔵溝ノ口
田園調布
東名高速道路
宮前区
東急田園都市線
多摩川
東名川崎IC
高津区
武蔵新城
多摩川
南武線
横須賀線
第三京浜
本門寺
宮前平
武蔵中原
甜点
葛粉
武蔵野貨物線
東急池上線
東急多摩川線
武蔵小杉
向河原
神奈川県
池上
P65
あざみ野
第三京浜
川崎市
中原区
東海道新幹線
東海道線
横浜市
都筑区
平間
矢口渡
蒲田

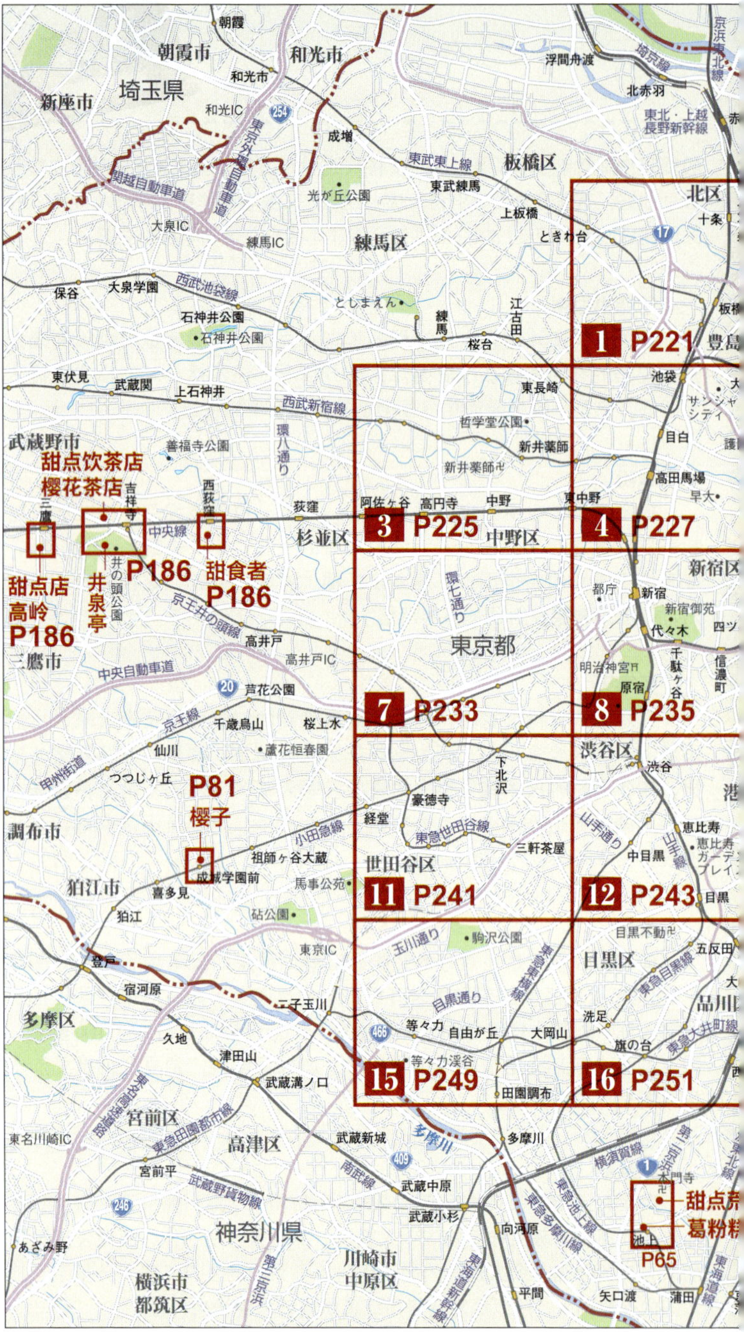

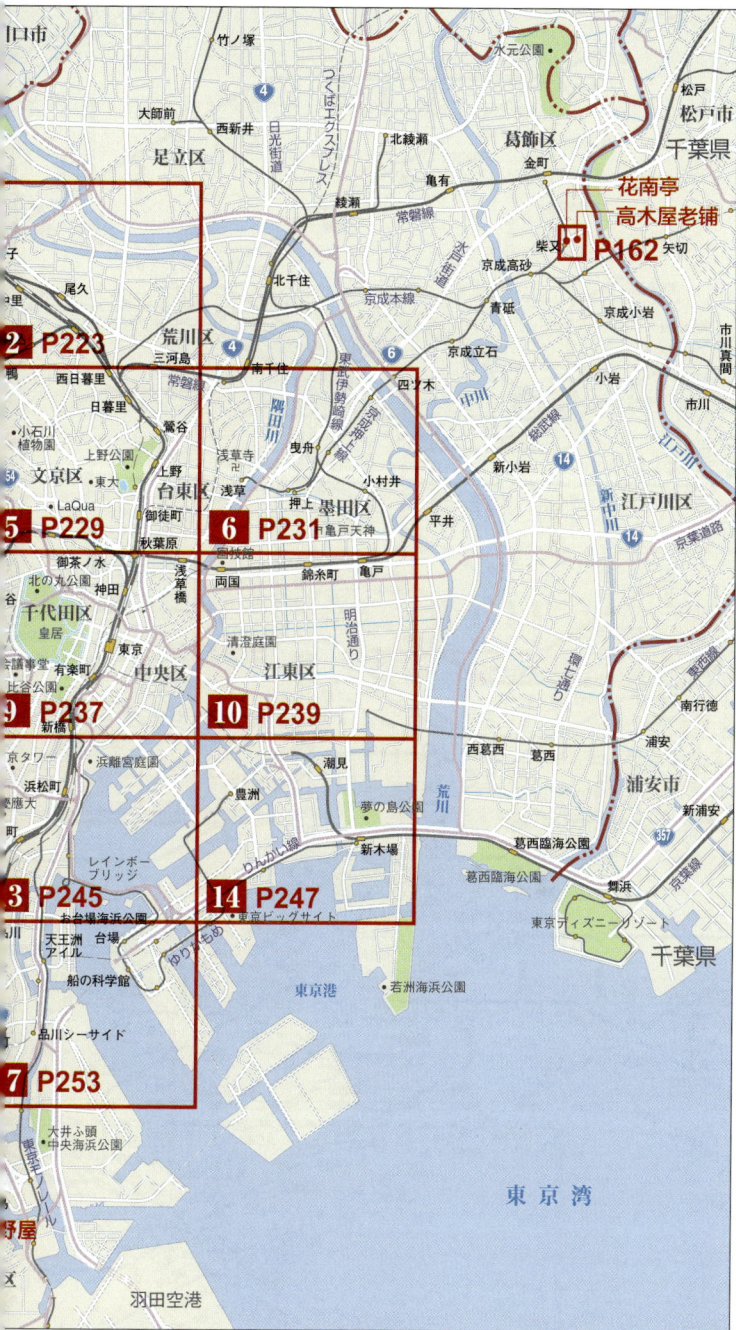

口市

竹ノ塚

水元公園

松戸市

松戸

大師前

西新井

北綾瀬

葛飾区

千葉県

子

尾久

日光街道

つくばエクスプレス

綾瀬

亀有

金町

花南亭

高木屋老铺

柴又

P162

矢切

里

北千住

常磐線

京成高砂

京成小岩

川真間

2 P223

荒川区
三河島

南千住

京成本線

青砥

京成立石

小岩

市川

西日暮里

常磐線

四ツ木

中川

新小岩

日暮里

隅田川

東武伊勢崎線

曳舟

総武線

江戸川区

小石川
植物園

上野公園

浅草寺

押上

小村井

新中川

京葉道路

文京区

上野

台東区

浅草

京成

5 P229

御徒町

秋葉原

6 P231

亀戸天神

平井

LaQua

東大

御茶ノ水

神田

浅草橋

錦糸町

亀戸

北の丸公園

両国

明治通り

9 P237

千代田区

皇居

東京

中央区

清澄庭園

江東区

新橋

有楽町

10 P239

南行徳

公園

浜離宮庭園

浦安

京タワー

浜松町

潮見

西葛西

葛西

浦安市

應大

豊洲

夢の島公園

荒川

新浦安

レインボー
ブリッジ

新木場

葛西臨海公園

舞浜

3 P245

お台場海浜公園

14 P247

東京ビッグサイト

葛西臨海公園

京葉線

天王洲
アイル

台場

東京ディズニーリゾート

船の科学館

ゆりかもめ

千葉県

品川シーサイド

東京港

若洲海浜公園

7 P253

大井ふ頭
中央海浜公園

野屋

東京湾

羽田空港

1：140,000

0

5km

地图上端为正北方向

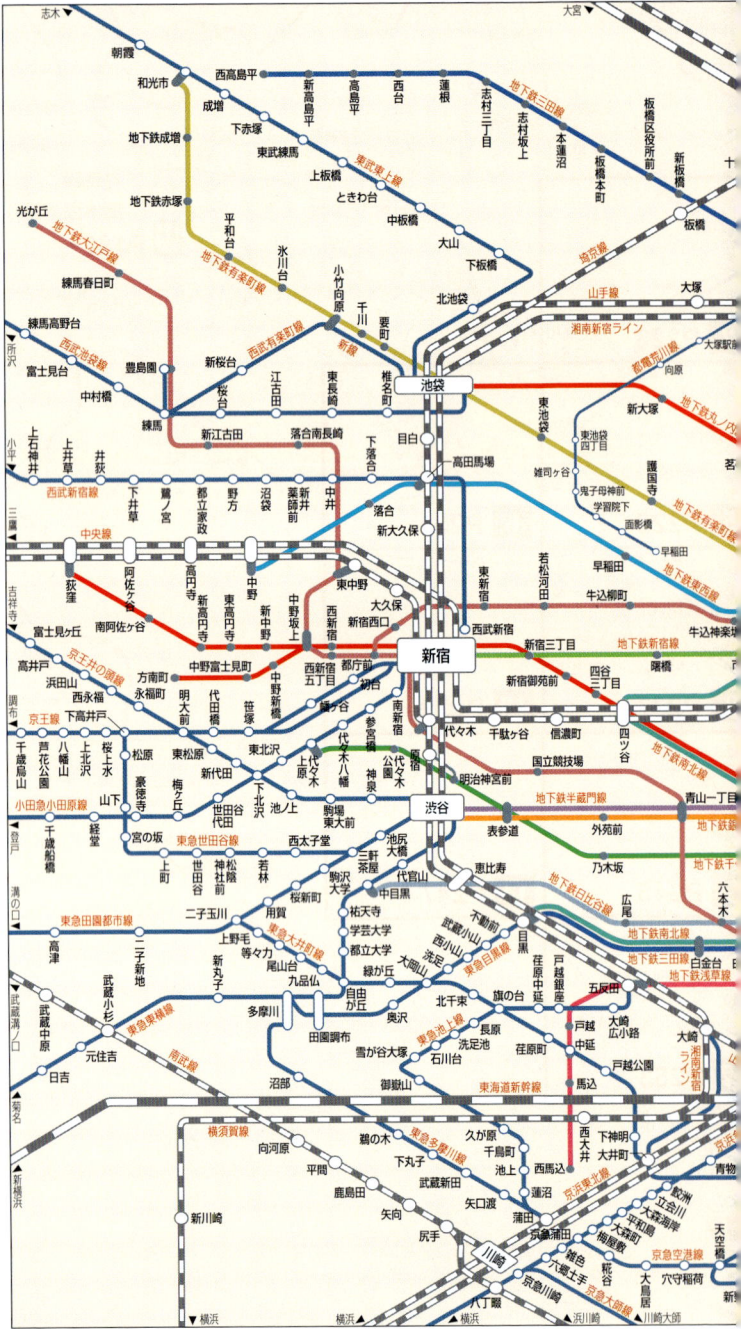
东京铁道路线图

東京鉄道路線図

東京湾

路线说明

新幹線	地下鉄新宿線
JR線	地下鉄東西線
私鉄線	地下鉄日比谷線
地下鉄銀座線	地下鉄半蔵門線
地下鉄丸ノ内線	地下鉄三田線
地下鉄千代田線	地下鉄南北線
地下鉄有楽町線	地下鉄大江戸線
地下鉄浅草線	

本蓮沼駅
首都高速
西が原競お
泉町
中山道
富士見街道
板橋本町駅
ときわ通り
氷川神社
智清寺 卍
ときわ台駅
石神井川
中板橋駅
板橋区
環七通り
板橋中央陸橋
豊島病院
仲宿
川越街道
老人医療
センター
板橋区役所 Ⓒ
板橋区
文化会館
日大板橋病院
日大 Ⓧ
大山西町
大山駅
東武東上線
板橋交通公園
首都高速
大山金井町
熊野町
要町三
千川駅
ハタスポーツ
プラザ
要町通り
有楽町線
千早公園
要町駅
卍 祥雲寺
豊島区
要町一

清水坂公園

P120

糕饼点心店
不倒翁屋

十条駅

東十条駅

京浜東北線・宇都宮線・高崎線

東北・上越新幹線

南北線

王子神谷駅

北区

附属病院

帝京大

板橋加賀二

東京家政大

東板橋公園

東板橋体育館

埼京線

名主の滝公園

陸上自衛隊
十条駐屯地

中央公園

北区役所

王子神社

石鍋商店

音無橋

P120

滝野川四

滝野川病院前

新板橋駅

南板橋公園

首都高速

滝野川一丁目

滝野川二

下板橋駅

板橋駅

西巣鴨

西巣鴨駅

南谷端公園

大正大

西ヶ原四丁目

新庚申塚

新荒川

池袋
町公園

北池袋駅

上池袋

庚申塚

都電荒川線

豊島
市場

染井霊園

P121

新荒川

豊島清掃工場

北大塚三

空蝉橋下

池袋六ツ又陸橋

巣鴨新田

山手線

甘露
七福神

1:22,500

0   500m

隅田川

王子神谷駅

豊島五

・サミット

江北

消防署前

宮城

北区

みやぎ水再生
センター

・南宮城公園

北本通り

王子三

豊島二

小台公園・

P121

溝田橋

・JT

隅田川

・北とぴあ

王子駅

・印刷局王子工場

あらかわ遊

王子駅前
・サンスクエア

王子駅

飛鳥山公園

栄町

荒川車庫前

荒川遊園地前

飛鳥山

梶原

飛鳥山

梶原

都電荒川線

宇都宮線・高崎線

印刷局
・滝野川工場

尾久駅

明治通り

一里塚

東北・上越新幹線

西ヶ原駅

上中里駅

西尾久

本郷通り

滝野川体育館

京浜東北線

西ヶ原三

・滝野川会館

西ヶ原公園

西ヶ原

田端高台通り

・旧古河庭園

南北線

P121

豊島区

霜降橋

西中里公園

染井霊園

女子栄養大

山手線

大龍寺卍

アスカタワー

駒込駅

・東中里公園

染井通り

八幡神社

白山神社通り

福島家

巣鴨駅

駒込東公園

六義園

不忍通り

・本駒込図書館

文京区

北宮城町公園

興本センター前

本木新道

尾竹橋通り

扇中央公園

扇東公園

足立区

卍性翁寺

尾久橋通り

吉祥院 卍

扇南公園

光輪寺 卍

江北橋緑地

扇大橋北詰

首都高速

北橋緑地

扇大橋

荒川

扇大橋南

尾竹橋公園

尾竹橋

尾久橋

隅田川

マルエツ

荒川区民運動場

尾久の原公園

町屋図書館

町屋六

八幡神社

首都大東京(荒川)

宮ノ前

熊野前

熊野前

荒木田

上智厚生病院

尾竹橋通り

荒川区

東尾久三丁目

満光寺 卍

町屋一

町屋二丁目

町屋駅前

荒川七丁目

端新町三

町屋駅

荒川自然公園

尾久橋通り

都電荒川線

荒川二丁目

田端新町一

荒川区役所前

新三河島駅

荒川区役所

京成本線

宮地

明治通り

荒川公園

サンパール荒川

千代田線

暮里駅

西日暮里五

三河島駅

常磐線

1：22,500

0　　　　500m

地図上端为正北方向

223

中村児童館●

卍
南蔵院

南蔵院前

豊中公園入

学田公園● 練馬区

上鷺東公園●

南蔵院通り

氷川神社 ⛩

中村南一

徳殿公

鷺宮四

中杉通り

都立家政

新青梅街道

丸山陸橋

鷺宮体育館●

鷺ノ宮駅

都立家政駅

西武新宿線

環七通り

福蔵院 卍

野方駅

妙正寺川

大和公園●

⛩八幡神社

大和町中央通り

卍蓮華寺

早稲田通り

中杉通り

阿佐谷北四南

大和町三

大和陸橋

早稲田通

馬橋公園●

阿佐谷教会
●

P165

神明宮 ⛩

世尊院 卍

河北総合病院●

東急
ストア

●西友

けやき公園
●

中央線

高円寺駅

長仙寺 卍

阿佐ヶ谷駅

高円寺 卍

杉並区

高円寺南四

高円寺南五

桃園川緑

中杉通り

青梅街道

高円寺図書館●

環七通り

◎杉並区役所

新高円寺通り

高円寺体育館

南阿佐ヶ谷駅

丸ノ内線

高円寺陸橋下

東高円

豊中通り

新江古田駅

豊島区

江原町三西

都営大江戸線

目白通り

西武池袋線

東急
ストア

北江古田公園

江古田三丁目

東長崎駅

西椎名町
公園

豊玉南一東

江原公園

南長崎六

慈生会病院

武蔵野療園病院

中野江古田病院

江古田三

西落合
北公園

新青梅街道

江古田公園

水の塔公園

沼袋

蓮華寺下

妙正寺川

哲学堂公園

落合南長崎駅

西落合一

妙正寺川公園

新宿区

沼袋駅

西落合公園

P186

哲学堂通り

光徳院

目白大

の森公園

北野神社

新井薬師
公園

新井薬師前駅

西武新宿線

水再生
ンター

新井薬師

落合公園

新井五差路

上高田本通り

妙正寺川

中野区

富士見野

功運寺

中野通り

上高田一

中野区

上高田
二公園

落合駅

中野五

早稲田通り

新井

本育館

中野ブロードウェイ

竜興寺

田町公園

東急ストア

打越公園

野区役所

中野サンプラザ

東中野駅

首都高速

中央線

東西線

東中野駅

中野駅

なかのZERO文化センター

勤労福祉
会館

紅葉山公園

谷戸運動公園

山手通り

中野五差路

中野
総合病院

紅葉山公園下

大久保通り

都営大江戸線

中央公園

中野通り

宮下

央西公園

宝仙寺

中野坂上駅

1：22,500

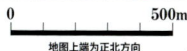

0　　　　　500m

地図上端为正北方向

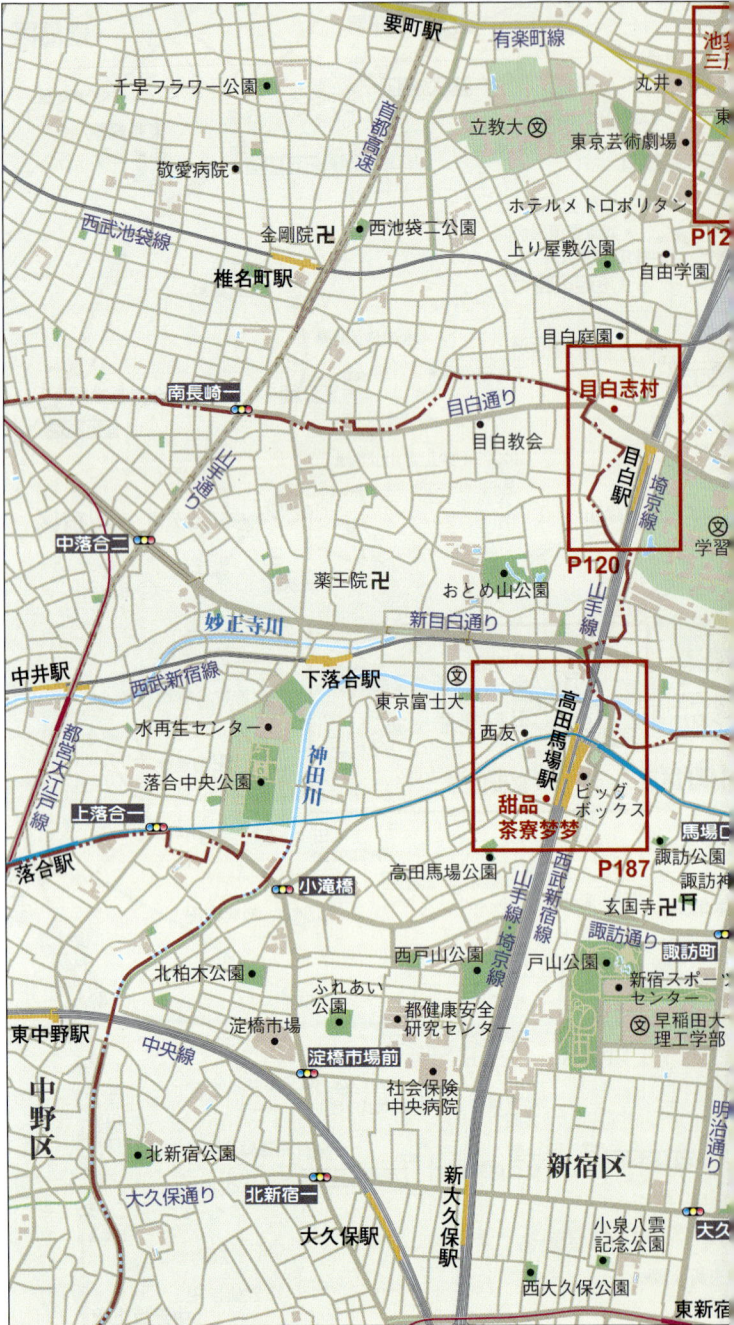

要町駅
有楽町線
池袋
三丁

千早フラワー公園
丸井
立教大 ⊗
東京芸術劇場
東

敬愛病院
ホテルメトロポリタン
西武池袋線
金剛院 卍　西池袋二公園
上り屋敷公園
P12
椎名町駅
自由学園

目白庭園

南長崎一
目白志村
目白通り
目白教会
目白駅
埼京線

中落合二
薬王院 卍
おとめ山公園
⊗ 学習
山手線
P120

妙正寺川
新目白通り

中井駅
西武新宿線
下落合駅 ⊗
東京富士大
高田馬場駅

水再生センター
西友
甜品
茶寮梦梦
ビッグ
ボックス

都営大江戸線
落合中央公園
神田川
馬場
P187

上落合一
諏訪公園
諏訪神

落合駅
小滝橋
高田馬場公園
玄国寺 卍 卍

山手線・埼京線
諏訪通り
諏訪町

西武新宿線
西戸山公園
戸山公園
新宿スポーツ
センター

北柏木公園
ふれあい
公園
都健康安全
研究センター
⊗ 早稲田大
理工学部

東中野駅
中央線
淀橋市場
淀橋市場前
社会保険
中央病院

中野区
新宿区
明治通り

北新宿公園

大久保通り
北新宿一
新
大久保駅
小泉八雲
記念公園
大久

大久保駅
西大久保公園
東新宿

池袋六ツ又陸橋
◎豊島区役所
山手線
大塚駅
大塚駅前
三越
東池袋公園
大塚台公園
大塚駅南口
P121
丸ノ内線
東急ハンズ
東口五差路
サンシャイン60
向原
向原
春日通り
新大塚駅
卍 遠妙寺
南池袋公園
南池袋一
東池袋駅
東池袋四丁目
卍 穴塚病院
豊島区
雑司ヶ谷
大塚公園
明寺 卍
東京音大 ⊗
都電荒川線
豊島ヶ岡御陵
卍 護国寺
大塚三
不忍通り
卍
鬼子母神
鬼子母神前
雑司が谷霊園
文京スポーツセンター
教育の森公園
千登世橋
雑司が谷公園
護国寺西
護国寺駅
お茶の水女子大
学習院下
目白台三
日本女子大 ⊗
卍
目白不動尊
卍 南蔵院
目白通り
関口台公園
有楽町線
戸橋
面影橋
新江戸川公園
カテドラル
聖マリア大聖堂
椿山荘
文京区
茗荷谷駅
甘泉園公園
早稲田
グランド坂下
フォーシーズンズ
ホテル椿山荘東京
江戸川公園
P102
リーガロイヤル
ホテル東京
江戸川橋
江戸川橋駅
神田川
西早稲田
早稲田大 ⊗
大隈庭園
大隈講堂
鶴巻町
江戸川橋通り
穴八幡宮 卍
院女子大 ⊗
馬場下町
早稲田駅
早大通り
鶴巻南公園
大日本印刷
早稲田大
文学部
戸山公園
漱石公園
東西線
牛込天神町
弁天町
神楽坂駅
国立国際医療センター
大久保通り
矢来公園
清和病院
牛込弁天公園
外苑東通り
統計センター
若松町
牛込柳町駅
若松河田駅
市谷柳町
牛込北町
牛込神楽坂駅
都営大江戸線

1：22,500

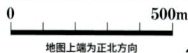

0 500m
地图上端为正北方向

227

巣鴨駅
六義園
上富士前
動坂下
富士神社
文京グリーンコート
駒込病院
道灌山
宮下公園
千石一
吉祥寺
千石駅
千石駅前
南北線
旧白山通り
本駒込駅
不忍通り
千石三
東洋大
向丘二
白山神社
日本医科大
文京スポーツセンター
白山駅
小石川植物園
白山下
根津神社
P102
東大前駅
茗荷谷駅
竹早公園
播磨坂
植物園前
小石川五
甜品店茎之花
文京区
P102
都営三田線
春日通り
白山通り
伝通院
東京大学
伝通院前
Neo Sitting Room!
本郷通り
丸ノ内線
越后屋
後楽園駅
春日駅
本郷三丁目駅
首都高速
中央大
目白通り
文京区役所
ラクーア
新宿区
小石川後楽園
東京ドーム
水道橋駅
有楽町線
白銀公園
甜品店花
東京ドームホテル
外堀通り
水道橋駅
壱岐坂
神乐坂茶寮
神田川
水道橋
順天堂
神楽坂
飯田橋駅
中央線
水道橋駅
紀之善
牛込神楽坂駅
アイ・ガーデン・エア
日大
千代田区
P187
東京大神宮
総武線
飯田橋一

西日暮里五
西日暮里駅
三河島駅
山手線
京浜東北線
尾久橋通り
尾竹橋通り
常磐線
荒川区
日暮里公園
羽二重团子
日暮里中央通り
日暮里駅
日暮里南公園
甜品店时雨茶屋
谷中霊園
P136
鶯谷駅前
P102
京成本線
寛永寺
鶯谷駅
入谷駅
東京芸大
言問通り
品店芋甚
茶房半亭
根津駅
東京国立博物館
P136
東京都美術館
上野公園
上野動物園
国立科学博物館
昭和通り
新莺亭
国立西洋美術館
東京文化会館
台東区
上野駅
不忍池
韵松亭喝茶去
P102
稲荷町駅
東大附属病院
千代田線
京成上野駅
浅草通り
菊屋橋
三桥上野总店
汤岛蜜蜂
上野御徒町駅
P137
湯島天神
湯島駅
上野広小路駅
福助
御徒町駅
つくばエクスプレス
新御徒町駅
都営大江戸線
鶴瀬总店饮茶室
仲御徒町駅
首都高速
日比谷線
新堀通り
P36
末広町駅
台東一
鳥越一
蔵前橋通り
神田明神
天野屋饮茶部
蔵前四
湯島聖堂
銀座線
清洲橋通り
都営浅草線
江戸通り
御茶ノ水駅
秋葉原駅

1 : 22,500　0　500m

地图上端为正北方向

荒川区

南千住駅

常磐線

大関横丁

三ノ輪駅

東京ガス

泪橋

明治通り

白鬚橋

白鬚橋西詰

リバーサイド限

東盛公園

つくばエクスプレス

十間通り

玉姫公園

石浜公園

堤通り

田和通り

日比谷線

日本堤公園

吉野通り

鷲神社

台東区

千束一

国際通り

富士公園

馬道通り

リバーサイド
スポーツセンター

言問団子

P136

言問通り

梅村

隅田公園

花やしき

言問橋

浅草駅

卍
浅草寺

埼玉屋小梅

ROX

甜品茶房菊丸

梅園

隅田公園

向島三

業平橋駅

舟和总店饮茶室

浅草駅

雷門

浅草駅

吾妻橋

田原町駅

銀座線

駒形橋

墨田区役所

本所吾妻橋駅

浅草通り

P163

蔵前駅

寿三

隅田川

清澄通り

本所三

JT

本所一

春日通り

蔵前駅

若宮公園

三ツ目通り

大横川親水公園

蔵前二

蔵前橋

慰霊堂

蔵前橋通り

P163

旧安田庭園

日進公園

東白鬚公園

白鬚公園

東武伊勢崎線

四ツ木橋南

四ツ木橋

新四ツ木橋

四ツ木駅

葛飾区

八広駅

八広公園

東向島駅
向島百花園

東向島

京成押上線

曳舟川通り

吾嬬西公園

木根川橋

荒川

中居堀通り

東墨田公園

舟駅

京成曳舟駅

京島

墨田清掃工場

明治通り

新平井橋公園

江戸川区

東武亀戸線

中居堀

小村井

ライオン

旧中川

七駅

墨田区

小村井駅

大正民家園

東あずま公園

十間橋

横十間川

オリンピック
花王

北十間川

東あずま駅

福神橋

P163

日通

ツヨ通り

亀戸天神

山长

新小原橋

船橋屋
亀戸天神前総店

亀戸水神駅

亀戸中央公園

総武線

錦糸公園

1：22,500

0　　　　　500m

地图上端为正北方向

231

成田東四　青梅街道　新高円寺駅　高円寺陸橋下　東高円
丸ノ内線
セシオン杉並
蚕糸の森
公園
梅里中央公園
松ノ木三
真盛寺卍
五日市街道
善福寺川緑地
成田東三
妙法寺
妙法寺入口
荒玉水道路
松ノ木八幡通り
東京立正
女子短大
環七通り
和田堀公園
立正佼
善福寺川緑地
善福寺川
郷土博物館
松ノ木
運動場
熊野神社
高千穂大
方南町
方南町
和田堀公園
方南通り
大宮八幡宮
大宮八幡入口
方南通り
大宮八幡前
杉並区
神田川
東運寺
西永福
永福
体育館
方南小前
西永福駅
荒玉水道路
荒玉水道
環七
永福町駅
永福町駅前
龍光寺
永福通り
井ノ頭通り
永福二
永福寺
和泉二
和泉給水所
首都高
松原
永福一
神田川
東電総合
グラウンド
明治大
和田堀
給水所
築地本願寺
首都高速
和田堀廟所
明大前駅
羽根木神社
甲州街道
京王線
下高井戸駅
菅原神社
京王井の頭線
日大文理学部
勝林寺

卍宝仙寺

杉山公園 新中野駅
杉山公園●
鍋屋横丁
青梅街道
中野坂上駅 中野坂上
中野新橋入口
サンブライト●
ツイン
ハーモニー
スクエア

都営大江戸線
山手通り

⊗女子美術大

丸ノ内線

神田川

東京工芸大⊗

寿橋
中野新橋駅

救世軍記念病院

弥生町二

西新宿
五丁目駅

本郷通り

中野富士見町駅

中野区

清水橋
新宿区

方南通り

首都高速

栄町公園

東大海洋研究所●

南台

宝福寺
卍
多田神社 卍

中野通り

大善寺 卍
新国立劇場 ●

P80

⊗帝京短大

幡ヶ谷
新道公園

京王新線

●南台公園

水道道路

寒天凍 PAPA
café & shop 初台店

笹塚公園●
卍清岸寺

幡ヶ谷二

幡ヶ谷駅

京王線

渋谷区
スポーツセンター

笹塚
幡ヶ谷一

●山茶花沙龙

甲州街道
泉南

笹塚駅

消防科学
研究所

常盤橋

国際協力機構
東京国際センター

●代々木大山公園

代々木
西原公園●

大原
橋駅

卍雲照寺

渋谷区

代々木上原駅

大原二

井ノ頭通り

大山

上原三

茶沢通り

古賀政男
音楽博物館 卍

世田谷区

東北沢駅

小田急線

目黒区

専光寺 卍

三角橋

東海大
第二工学部 ⊗

0　　　　　500m

地図上端为正北方向

中野区

青梅街道
丸ノ内線
神田川

成子天神社
成子天神下

西武新宿駅

東新宿駅

明治通り

新宿文化
センター

中央線

小滝橋通り

新宿区役所

西新宿駅

新宿西口駅

花園神社
花園万头
花園茶寮

東京医科大病院
ヒルトン東京
中央公園北
センチュリーハイアット

三井ビル
住友ビル

センタービル

小田急
ルミネ
エスト

伊勢丹

新宿
三丁目駅

追分
団子总店

西新宿
五丁目駅

新宿中央公園
都庁前駅

都営大江戸線

京王
プラザ
ホテル

東京都庁

京王

新宿駅

P187

中央公園西

NSビル

モノリス
KDDI

天竜寺

新宿ワシントンホテル

京王新線

京王線

タカシマヤ
タイムズスクエア

土ノ池

新宿御

新宿パークタワー

文化女子大

ドコモ代々木ビル

西新宿四
東京オペラ
シティ

甲州街道

西参道口

南新宿駅

代々木駅

初台

首都高速

新国立
劇場

初台駅

初台一東

参宮橋

宝物殿

北参道

千駄ヶ谷

国立能楽

山手通り

小田急線

参宮橋駅

明治神宮

山手線・埼京線

明治通り

鳩森神

本殿

初台坂下

代々木八幡神社

オリンピック記念
青少年総合センター

千駄谷

渋谷区

代々木八幡駅

代々木公園

東郷神社

原宿駅

富ヶ谷

代々木公園駅

千代田線

明治神宮前駅

ラフォーレ原

R Style
两口屋長

山手通り

第一体育館
国立代々木競技場

NHKホール

表参道

表参
ヒル

井ノ頭通り

NHK
C.C.レモン
ホール

表参道茶与茶之间

穏田神社

渋谷
区役所

東京女子医科大
月桂寺 卍
納戸町公園
加賀公園
東京女子医科大病院
大日本印刷
市谷仲之町
新宿区
安養寺 卍
合羽坂
防衛省
東京医科大
合羽坂下
市谷八幡町
生年金会館
曙橋駅
靖国通り
都営新宿線
市谷本村町
新宿歴史博物館
市ヶ谷駅
有楽町線
麹町駅
花園公園
受住公園
津の守坂通り
外堀通り
千代田区
新宿通り
丸ノ内線
P187
新宿通り
四谷三
四谷三丁目駅
笹寺 卍
鯛鱼烧若叶
聖イグナチオ教会
藻池ノ池
於岩稲荷
四ツ谷駅
外苑西通り
上智大
下ノ池
慶応義塾大医学部
もとまち公園
清水谷公園
慶応病院
外苑東通り
中央線
ホテルニューオータニ
信濃町駅前
首都高速
南北線
迎賓館
国立競技場駅
信濃町駅
明治記念館
京育館
国立競技場
東宮御所
赤坂見附駅
明治神宮外苑
権田原
赤坂御用地
虎屋点心铺赤坂总店
仙寿院
日本青年館
神宮球場
松月茶店
赤坂駅
秩父宮ラグビー場
いちょう並木
青山一丁目駅
P36
伊藤忠ビル
カナダ大使館
高橋是清翁記念公園
P81
新青山ビル
TBS
青山通り
港区
外苑前
外苑前駅
青葉公園
外苑東通り
都営大江戸線
赤坂通り
ベルコモ
青山三
千代田線
氷川神社
青山霊園
都営浅草線
檜町公園
乃木坂
乃木坂駅
東京ミッドタウン
スパイラル
国立新美術館
六本木駅
立山墓地
六本木通り
首都高速

1：22,500

0 500m

地图上端为正北方向

新宿区

ホテルグランドパレス・

P36

専修大
⊗

明治大

神保町駅

逓信病院・

⊗法政大

九段下駅

九段下

大丸焼
茶店

文銭堂日式
莉須凡

九段会館・

九段坂上

千代田
区役所

◎

⊗

共立女子大

日本武道館・

市ヶ谷駅

都営新宿線

北の丸公園

科学技術館・

竹橋駅

大妻女子大⊗

内堀通り

千鳥ヶ淵
戦没者墓苑

国立近代
美術館

平川門

気

国立近代美術館
工芸館

東

一番町

千鳥ヶ淵

西

イギリス
大使館

皇居東御苑

線

吹上大宮御所・

パレスホテ

半蔵門駅

半蔵門

皇居

千代田区

御所・

宮内庁・

新宿通り

国立劇場・

桜
田
濠

宮中三殿・

最高裁判所・

二重橋・

二重橋前駅

国会図書館・

憲政
記念館

桜田門駅

P10・11

丸
マイプ

永田町駅

警視庁・

帝国劇

赤坂見附駅

国会議事堂・

国土
交通省

法務省・

日比谷駅

日枝神社

国会議事堂前駅

外務省・

霞ヶ関駅

日
比
谷
公
園

赤
坂
駅

首相官邸・

・内閣府

霞ヶ関駅

帝国ホテル・

P36

溜池山王駅

財務省・

内幸町駅

銀座線

溜池

霞が関ビル・

虎ノ門

外堀通り

P37

松濤

虎ノ門駅

虎の門病院・

日
比
谷
線

六本木二

アーク
ヒルズ

武蔵野茶店
汐留店

新橋駅

南北線

ホテル
オークラ

港区

桜田公園

汐
シオサ

六本木一丁目駅

虎ノ門
パストラル

慈恵医大
病院

新御茶ノ水駅

竹村

小川町駅

淡路町駅

P36

秋葉原駅

総武線

神田川

岩本町駅

東神田

浅草橋駅

柳桥人气屋

浅草橋

P137

司町

丸ノ内線

千代田線

都営

神田駅

昭和通り

馬喰町駅

総武快速線 馬喰横山駅

小伝馬町駅

東日本橋駅

隅田川

浜町駅

久松町

明治座

新日本橋駅

日比谷線

日銀

P10

堀留公園

人形町駅

森乃园茶店

三越

三越前駅

甜品店初音

水天宮

大手町駅

大手町

大手町駅

丸の内
オアゾ

日本橋駅

東証取引所

蛎殻町

水天宮
前駅

首都高速

大丸

東京駅

高島屋
坂本町公園

茅場町駅

永代通り

日本橋川

IBM
箱崎ビル

八重洲通り
郡宮逓信線
中央通り

首都高速

東京国際
フォーラム

京橋駅

甜点吾妻
京桥总店

八丁堀

鍛冶橋通り

永代橋西

永代公園

住友ツイン
ビル

京葉線

銀座
一丁目駅

宝町駅

八丁堀駅

銀座东京羊羹茶馆

桜川公園

新大橋通り

中央大橋

銀座松崎煎餅

茶室

松屋

三越

銀座鹿乃子
总店日式茶馆

東銀座駅

中央区

リバーシティ21

佃公園

晴海運河

飲茶处銀座佐人

中央
区役所

新富町駅

銀座立田野

清月堂茶房

築地駅

新橋演舞場

聖路加
国際病院

佃大橋

卍
築地本願寺

聖路加
ガーデン

隅田川

清澄通り

築地市場駅

茶铺都路里
东京店

朝日新聞社

晴海通り

月島駅

初見橋

1:22,500

0   500m

地图上端为正北方向

237

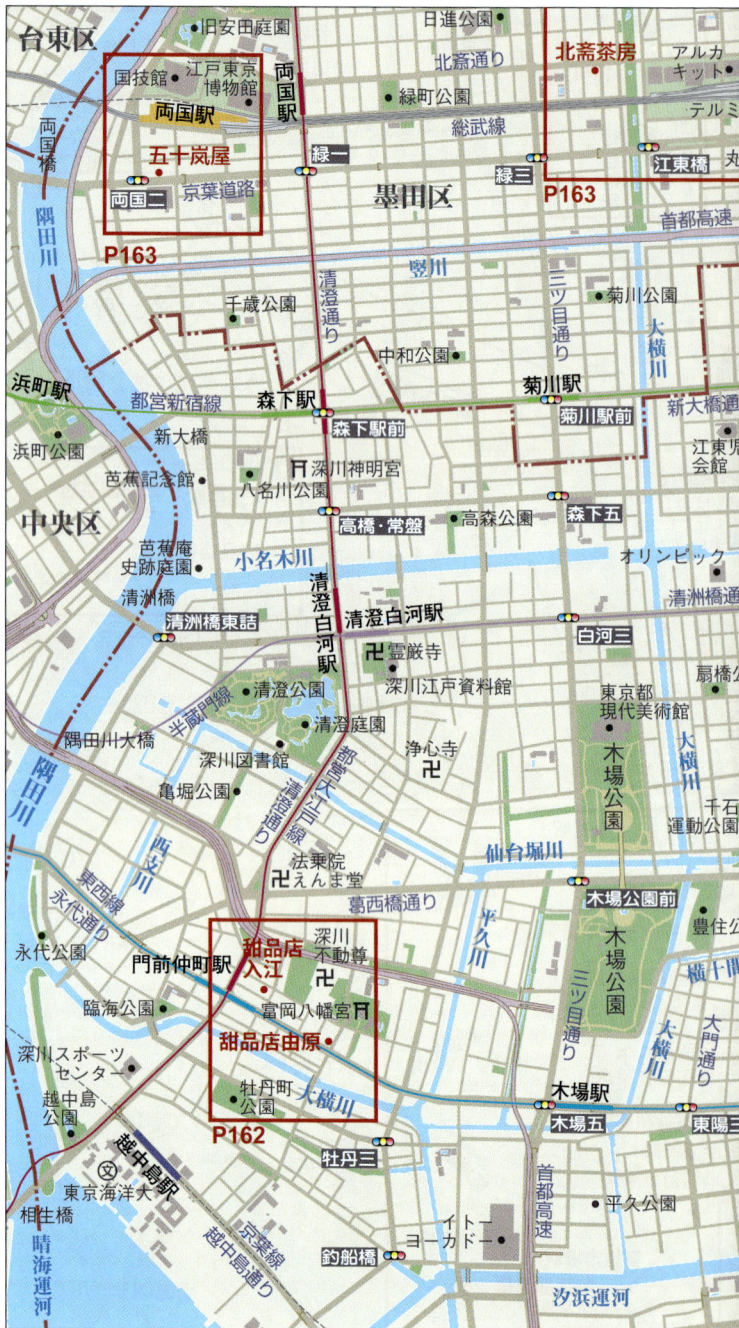

台東区

旧安田庭園
日進公園
北斎通り
北斎茶房
アルカ
キット

国技館
江戸東京博物館
両国駅
両国駅
緑町公園
テルミ

両国橋
五十嵐屋
総武線
緑一
墨田区
緑三
江東橋
丸

両国二
京葉道路
P163
首都高速

P163

隅田川
竪川
清澄通り
三ツ目通り
菊川公園
大横川

千歳公園
中和公園
菊川駅

浜町駅
都営新宿線
森下駅
菊川駅前
新大橋通り

浜町公園
新大橋
森下駅前
高森公園
江東区会館

芭蕉記念館
深川神明宮
八名川公園
中央区
高橋・常盤
森下五

芭蕉庵史跡庭園
小名木川
オリンピック

清洲橋
清澄白河駅
清洲橋通り

隅田川大橋
清洲橋東詰
清澄白河駅
靈厳寺
白河三
扇橋三

半蔵門線
清澄公園
深川江戸資料館
東京都現代美術館
大横川

深川図書館
清澄庭園
浄心寺
木場公園
千石運動公園

亀堀公園
清澄通り

隅田川
西よ川
法乗院えんま堂
葛西橋通り
仙台堀川
木場公園前
豊住川

東西線
永代通り
門前仲町駅
甜品店入江
深川不動尊
木場公園
横十間川

永代公園
臨海公園
富岡八幡宮
平久川
木場駅
大横川
大門通り

深川スポーツセンター
甜品店由原
木場五
東陽

越中島公園
牡丹町公園
大横川
木場五

P162

越中島駅
牡丹三

東京海洋大
相生橋
イトーヨーカドー
平久公園
首都高速

晴海運河
釣船橋
汐浜運河

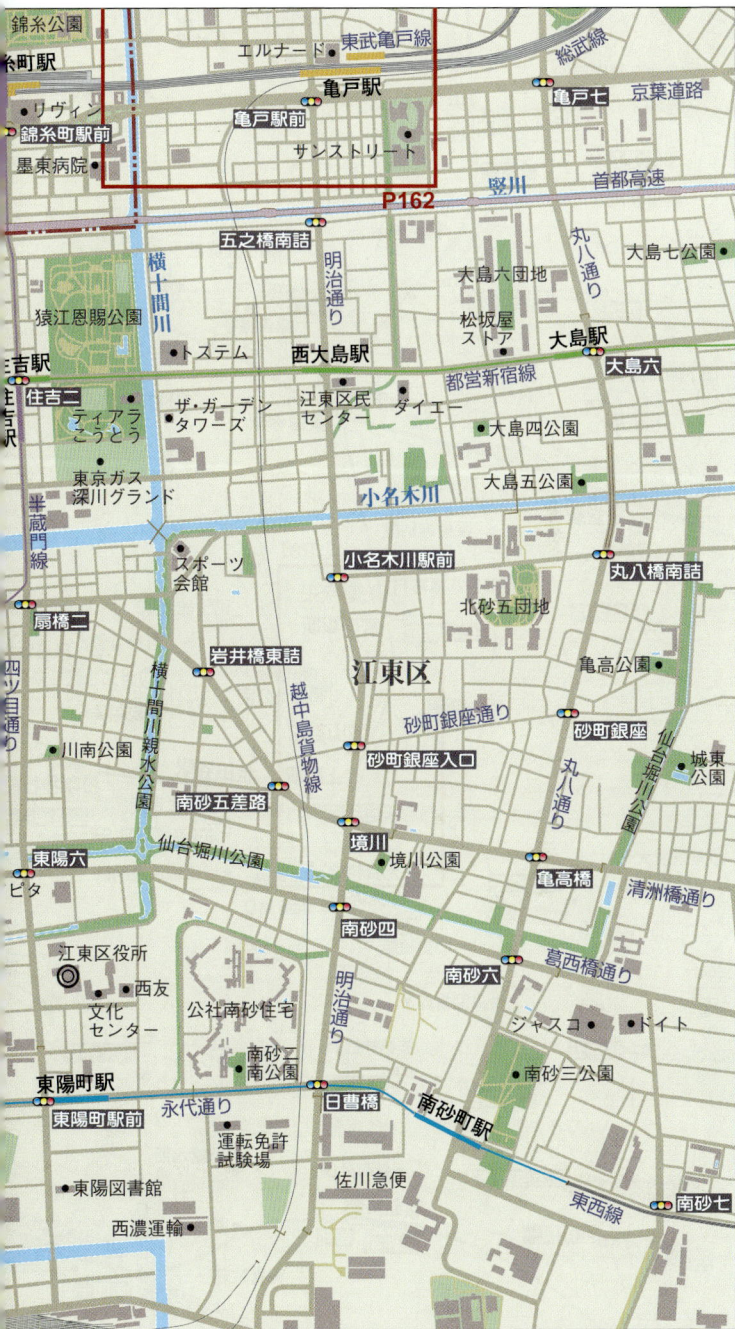

錦糸公園

糸町駅

東武亀戸線

エルナード

総武線

亀戸駅

京葉道路

リヴィン

亀戸七

錦糸町駅前

亀戸駅前

墨東病院

サンストリート

竪川

首都高速

P162

五之橋南詰

横十間川

明治通り

大島六団地

丸八通り

大島七公園

猿江恩賜公園

松坂屋ストア

大島駅

トステム

西大島駅

都営新宿線

大島六

三吉駅

住吉二

ザ・ガーデン
ティアラ
こうとう

江東区民
センター

ダイエー

大島四公園

タワーズ

半蔵門線

東京ガス
深川グランド

小名木川

大島五公園

スポーツ
会館

小名木川駅前

丸八橋南詰

扇橋二

北砂五団地

岩井橋東詰

江東区

亀高公園

四ツ目通り

横十間川親水公園

越中島貨物線

砂町銀座通り

砂町銀座

川南公園

南砂五差路

砂町銀座入口

丸八通り

仙台堀川公園

城東
公園

東陽六

仙台堀川公園

境川

境川公園

亀高橋

清洲橋通り

ピタ

南砂四

江東区役所

西友

南砂六

葛西橋通り

文化
センター

公社南砂住宅

ジャスコ

ドイト

明治通り

南砂二
南公園

南砂三公園

東陽町駅

日曹橋

南砂町駅

東陽町駅前

永代通り

運転免許
試験場

東陽図書館

佐川急便

東西線

西濃運輸

南砂七

1：22,500

☒日大文理学部

勝林寺 卍

松原公園 ●

東松原駅

赤松公園

赤堤五

松原駅

西福寺 卍

羽根木公園

六所神社 ⊓

梅ヶ丘病院 ●

光明養護学校

小田急

赤堤通り

赤堤交番前

松原六

赤堤

総合福祉
センター

梅ヶ丘駅

山下西公園 ●

宮坂三

山下公園 ●

山下駅

豪徳寺駅

世田谷区

オダキュー
OX

経堂駅

ピーコック

常徳院 卍

梅丘二

卍

福昌寺

乗泉寺別院

P81

経堂大橋

世田谷八幡宮 ⊓

豪徳寺 卍

国士舘大 ☒

宮の坂駅前

宮の坂駅

若林公園

松陰神

卍 松陰院

勝光院 卍

世田谷
城址公園

◎ 世田谷区役所

区民会館

城山茶店
●

上町駅

世田谷駅

松陰神社前

世田谷三

円光院 卍卍 大吉寺

松陰神社入

世田谷駅前

☒東京農大

サミット

松丘交番

郷土資料館 ●

代官
屋敷跡

● 世田谷中央病院

世田谷通り

浄光寺 卍

駒留通り

世田谷通り

実相院 卍

常在寺 卍

馬事
公苑

中央図書館 ●

小泉公園

弦巻五

弦巻神社 ⊓

向天神橋

弦巻通り

駒沢公園通り

弦巻四

弦巻三

医薬品食品
衛生研究所

陸上自衛隊

新町公園 ●

駒沢給水所

上用賀一

桜新町駅

東電 ●

駒沢緑泉公園

砧公園通り

桜新町 新町

東急田園都市線

駒沢

善養院 卍

新町一

西友

首都高速

駒澤大

渋谷区

新代田駅
新代田駅
下北沢駅
北沢タウンホール
本多劇場
池ノ上駅
下北沢駅入口

三角橋
東大先端科学
技術研究センター
駒場公園
東大駒場
キャンパス
日本民芸館
京王井の頭線

池ノ上
青少年会館
世田谷代田駅
代沢三差路
森巌寺
北沢八幡神社
円乗院
多前橋
梅丘通り
代沢
淡島通り
池尻北公園
駒場東大前駅
駒場野公園

目黒区

淡島
東邦大
大橋病院

代沢十字路
芳林陸橋
勝光院
御嶽山大神
円泉寺
福寿稲荷
八幡神社
太子堂三
池尻三公園
三宿池尻
玉川通り
東急田園都市線
三宿
池尻大橋駅
貝塚公園
東山公園

東急世田谷線
駅
教学院
西太子堂駅
キャロットタワー
西友
三軒茶屋駅
三軒茶屋
昭和女子大
首都高速
世田谷公園
防衛省
技研本部
自衛隊
中央病院
三宿病院
三宿通り

若林
保健センター
丸山公園
駒留陸橋
マルエツ
世田谷署前
正蓮寺
西澄寺
下馬一
駒繋神社
駒繋公園

上馬公園
世田谷観音
子の神公園
世田谷観音
上馬
大学駅
宗円寺
環七通り
鶴が久保公園
龍雲寺
下馬中央公園
下馬五南
下馬公園
マルエツ
野沢稲荷
龍雲寺
サミット
野沢公園
野沢
自由通り

目黒区
目黒区
学芸大学駅

1:22,500

0   500m

地图上端为正北方向

241

京林屋青山

渋谷区役所◎

青山病院
こどもの城●

観世能楽堂
東急ハンズ●

山手・埼京線

P81

青山学院

東急本店
西武

渋谷

宮下公園

松見坂

松見坂

東大駒場
キャンパス

山手通り

京王井の頭線

109

渋谷マークシティ

渋谷駅

東急東横店

神泉駅

セルリアン
タワー

並木橋

神泉町

大坂橋

首都高速

東急田園都市線

旧山手通り

インフォス
タワー

渋谷区

池尻大橋駅

菅刈公園

西郷山
公園

代官山
アドレス

貝塚公園

目黒川

ピーコック

東山公園

青葉台二

山手通り

ヒルサイドテラス

代官山駅

恵比寿
公園

鑓ヶ崎

駒沢通り

上目黒

野沢通り

中目黒駅

東京
共済病院

GTプラザ

中目黒立体交差

防衛省
技術研究所

三宿病院

目黒区役所◎

卍
正覚寺

川の資料館

中目黒公園

田切公園

八幡公園

目黒
清掃

目黒警察署

卍
祐天寺

現代彫刻美術館

田道

祐天寺二

目黒区美術館

郷土資料室

駒沢通り

目黒区

バングラデシュ
大使館

大鳥神社

油面公園

元競馬場

大鳥神

油面

東急
ストア

目黒
寄生虫館

五
羅
卍

学芸大学駅

目黒通り

不動公園

青山霊園

長谷寺卍　大安寺卍　卍慈眼院

六本木通り　西麻布

首都高速　高樹町

東四

六本木駅

外苑東通り

都営大江戸線

六本木ヒルズ

TORAYA CAFÉ
六本木之丘店

笄公園

中国大使館

梅芯庵
閑談甜品店

本光寺卍

麻布十番駅

国学院大

日赤医療
センター

外苑西通り

P81

P36

聖心女子大⊗

広尾駅

有栖川宮
記念公園

天真寺卍

仙台坂

南北線

船桥屋历

ドイツ大使館

プライム
スクエア

谷橋　日比谷線

公園　明治通り

渋谷川

広尾病院

フランス
大使館　光林寺

明治通り

フジ
フィルム

首都高速

古川橋

恵比寿駅東口

恵比寿三

北里大
薬学部

白金六

白金高輪駅　白金一

恵比寿ガーデン
プレイス

山手線

港区

東大医科学
研究所

国立自然教育園

国立公衆
衛生院

南北線　都営三田線

八芳園

清正公前

ラディソン
都ホテル東京

泉岳寺卍

埼京線

東京都
庭園美術館

目黒通り　白金台

白金台駅

⊗明治学院大

明治学院前

桜田通り

美術館

ヒルトップガーデン目黒

アトレ目黒

目黒
駅

卍円寺卍

アルコタワー

目黒
叙園

⊗杉野服飾大

黒不動

池田山公園

NTT東日本
関東病院

都営浅草線

品川区

高輪台

高輪台駅

高輪公園

高輪プリンス
ホテル

新高輪
プリンスホテル

ホテルパシフィック東京

1：22,500

0　　　　　　　500m

地図上端为正北方向

243

六本木一丁目駅

南北線

日比谷線

神谷町駅

慈恵医大病院 ●
慈恵医大 ⊗

日比谷通り

御成門駅

浜松町一

P36

芝公園駅

芝公園三

P37

ロシア ●
大使館

飯倉
東京タワー ■

福庵

芝大神宮 ⊞

● 東京プリンス
ホテル
港区役所 ◎

麻布十番駅

P36

赤羽橋駅

増上寺 卍
● 芝公園

芝公園
東照宮 ⊞

増上寺前

都営大江戸線

大門駅

四季

● 世界貿易センタ
旧芝離宮
恩賜庭園

ホテル
メルパルク ●

浜松町駅

竹芝

● 東京ガス

浜崎

済生会中央病院 ●

三田国際ビル ●

芝公園 ●

芝公園駅

古川

芝園橋

金杉橋

● 東芝ビル

二の橋

港区

● シーバンス

日の出

首都高速

三井
倶楽部 ●

● イタリア
大使館

NEC ●

芝四

● 東京

山手・京浜東北線

第一京浜

ゆりかもめ

三の橋

慶應義塾大 ⊗

三田二

芝五

三田駅

芝浦一

東海道線

南浜橋

三田駅

都営三田線

田町駅

東京モノレール

旧海岸通り

海岸通り

札の辻

横須賀線

芝浦運河

芝浦ふ頭

魚籃坂下

八千代橋

潮路橋

芝浦ふ頭駅

埠頭公園

伊皿子

旧海岸通り

首都高速

芝浦ふ頭

泉岳寺駅

都営浅草線

新幹線

東海道

芝浦中央公園

高浜橋

五色橋

京浜運河

首都高

臨港

泉岳寺

高輪二

東海道新幹線

芝浦水再生
センター

高浜運河

新幹線

京浜運河

新港南橋

第一京浜

NTT品川
ツインズ

品川駅

港南二

● 品川北ふ頭公園

朝日新聞社　•茂助団子

勝鬨橋

中央卸売市場　　　　　　P11

浜離宮庭園

都営大江戸線　月島駅

清澄通り　有楽町線

勝どき駅前　月島駅　新月島公園

中央区　勝どき駅　晴海通り

ニューピア竹芝

豊海町

豊海運動公園

朝潮運河　トリトンスクエア

黎明橋公園　晴海三

朝潮ふ頭　晴海五

晴海ふ頭

晴海ふ頭公園

晴海客船ターミナル　豊洲ふ頭

市場前駅

晴海運河

東京港　江東区

東雲運河

レインボーブリッジ

有明テニスの森公園•

有明テニスの森

有明スポーツセンター

ゆりかもめ　臨海道路

台場公園•　クリーンセンター

湾岸道路

シーリア前

お台場海浜公園

お台場海浜公園駅　首都高速　りんかい線

デックス東京ビーチ•

1：22,500

0　　　　　500m
地図上端为正北方向

245

14 新木场・有明

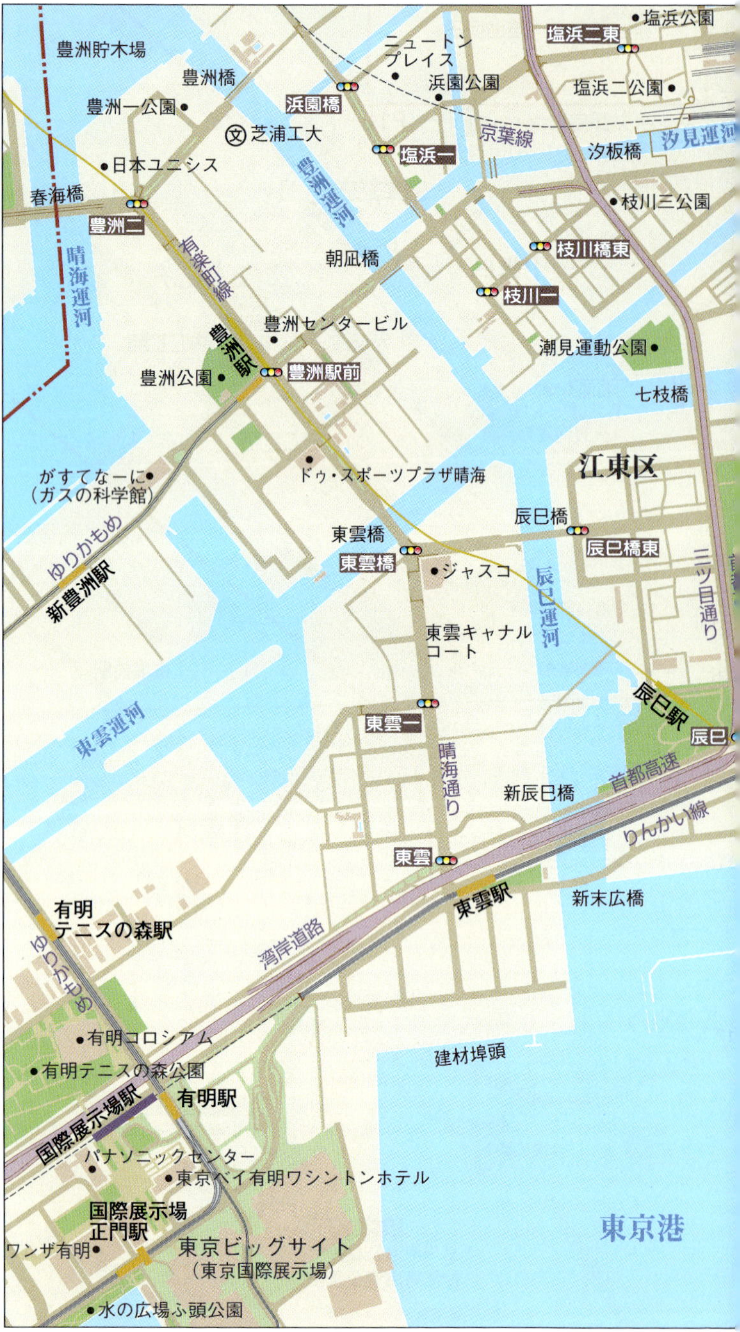

豊洲貯木場
豊洲橋
豊洲一公園
芝浦工大
日本ユニシス
春海橋
豊洲二
晴海運河
有楽町線
ニュートン
プレイス
浜園公園
浜園橋
塩浜一
豊洲運河
京葉線
塩浜公園
塩浜二東
塩浜二公園
汐見運河
汐枝橋
枝川三公園
枝川橋東
枝川一
朝凪橋
豊洲センタービル
豊洲駅
豊洲駅前
豊洲公園
潮見運動公園
七枝橋
江東区
ドゥ・スポーツプラザ晴海
がすてなーに
（ガスの科学館）
ゆりかもめ
新豊洲駅
東雲橋
東雲橋
ジャスコ
辰巳橋
辰巳橋東
辰巳運河
三ツ目通り
東雲キャナル
コート
東雲運河
東雲一
晴海通り
辰巳駅
辰巳
首都高速
新辰巳橋
りんかい線
東雲
東雲駅
新末広橋
有明
テニスの森駅
湾岸道路
ゆりかもめ
有明コロシアム
有明テニスの森公園
国際展示場駅
有明駅
建材埠頭
パナソニックセンター
東京ベイ有明ワシントンホテル
国際展示場
正門駅
ワンザ有明
東京ビッグサイト
（東京国際展示場）
東京港
水の広場ふ頭公園

越中島貨物線

新砂一
● 東京湾マリーナ

西濃運輸●
新東京郵便局

潮見駅

曙北運河
● 古賀オール工場

砂町水再生センター

潮見公園前

新砂二

夢の島大橋
砂町運河

新砂貯木場

京葉線

明治通り

夢の島マリーナ

夢の島
運動場

第五福竜丸
展示館
● 夢の島熱帯植物館

辰巳の森

● 新江東清掃工場

夢の島
競技場
夢の島公園

湾岸道路
● 少年野球場

東京辰巳
国際水泳場●

巳の森緑道公園

夢の島

新木場駅
警視庁術科センター ●

有楽町線
東千石橋北

千石橋北

千石橋

新木場公園 ●
14号地第一貯木場

新木場三

新木場二
東千石橋

12号地貯木場
14号地第二貯木場
東京ヘリポート ●

南千石橋

若洲橋

砂町南運河
ヨット訓練所 ●

若洲海浜公園 ●

若洲ゴルフリンクス ●

1 : 22,500

0　　　　　500m

地図上端为正北方向

247

長谷川町子
美術館

駒澤大

東急田園都市線

卍用賀神社

駒沢公園通り

用賀駅

玉川通り
首都高速

呑川

用賀一

医王寺 深沢不動
卍 卍

用賀中町通り

日本体育大 ⊗

深沢神社

駒沢通り

瀬田中

中町四

園芸高 ⊗

世田谷区

駒沢公園通り

深沢公園

環八通り

谷沢川

多摩美大前

上野毛通り

多摩美大

上野毛駅

東横学園女子短大 ⊗

目黒通り

産

五島
美術館

東急大井町線

上野毛自然公園

駒八通り

P80

等々力通り

玉川IC

等々力駅

尾山台駅

等々力不動前

玉川野毛町公園

等々力渓谷

雪月花

等々力
不動尊
卍

尾山台一

宇佐神社

丸子川

多摩川

多摩川緑地

丸子川

多摩堤通り

武蔵工業大 ⊗

川崎市
高津区

川崎市
中原区

照善
卍

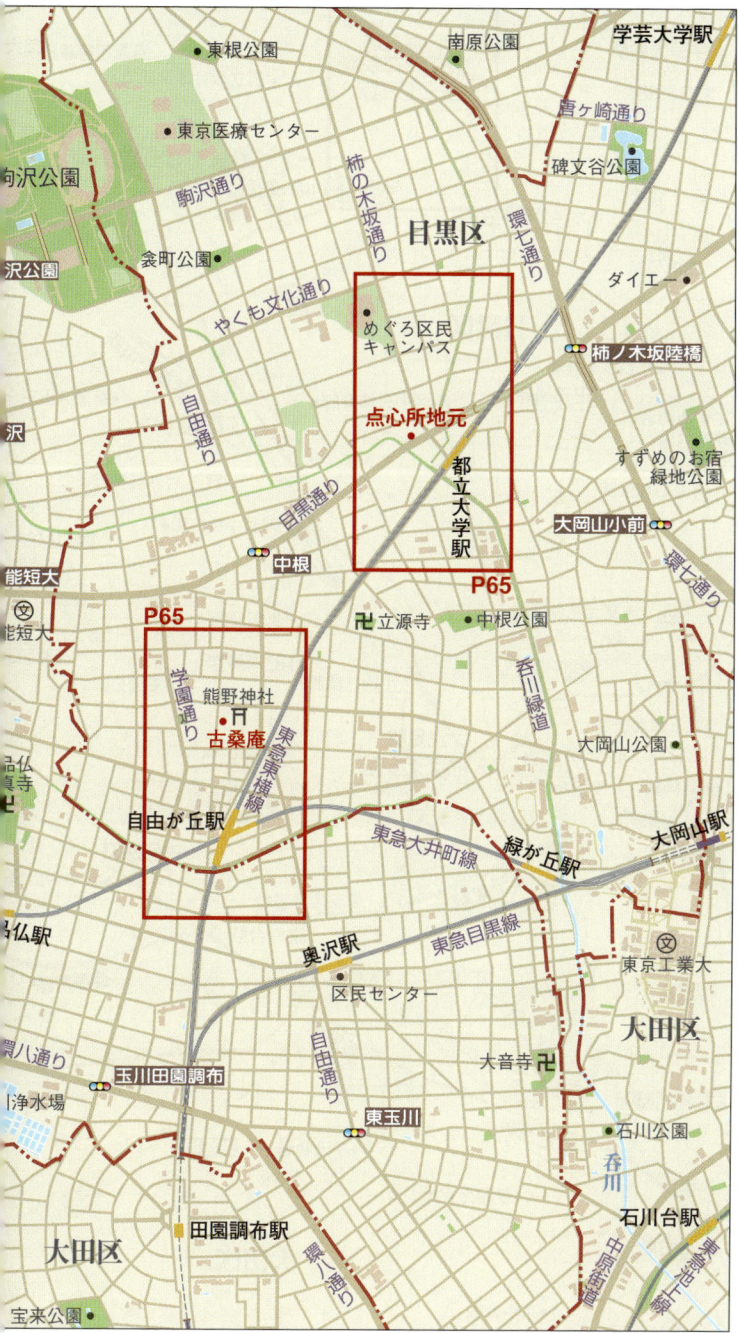

東根公園

南原公園

学芸大学駅

東京医療センター

晋ヶ崎通り

駒沢公園

駒沢通り

碑文谷公園

柿の木坂通り

目黒区

環七通り

釜町公園

ダイエー

やくも文化通り

自由通り

めぐろ区民キャンパス

柿ノ木坂陸橋

点心所地元

目黒通り

すずめのお宿緑地公園

都立大学駅

沢

能短大

中根

大岡山小前

P65

能短大

立源寺

中根公園

呑川緑道

P65

学園通り

熊野神社

古桑庵

東急東横線

大岡山公園

品仏真宗寺

大岡山駅

自由が丘駅

東急大井町線

緑が丘駅

东急目黑線

柘仏駅

奥沢駅

東京工業大

区民センター

大田区

環八通り

目黒通り

大音寺

浄水場

玉川田園調布

東玉川

石川公園

呑川

大田区

田園調布駅

環八通り

石川台駅

宝来公園

1：22,500

0   500m

地図上端为正北方向

249

学芸大学駅

東急東横線

目黒通り

御門屋総店
軽松自在茶寮

目黒郵便局前

目黒不動尊卍

国立教育政策研究所

林試の森公園

清水池公園　P65

小山台公園

26号線通り

田向公園

小山台東公園

東急目黒

目黒区

目黒本町五

小山台駅

武蔵小山駅

サレジオ教会

卍円融寺

区中央体育館

東急ストア

すずめのお宿
緑地公園

武蔵小山

碑文谷八幡宮

三谷八幡神社

荒原中央公園

平塚橋

中原街道

富士見台公園

西小山駅

江戸見坂公園

荒原図書

南

環七通り

摩耶寺

荒原南公園

小山八幡神社

北千束北公園

洗足駅

昭和大

東急病院

北千束五差路

東急目黒線

昭和大病院

大岡山駅

旗の台

北千束駅

旗の台広場

東急大井町線

旗の台駅

荏原町駅

オリンピック

南千束

洗足池公園

洗足池

中原街道

長原駅

大岡山駅入口

洗足池図書館
洗足池

小池釣堀

夫婦坂

東急池上線

洗足池駅

環七通り

洗足区民センター

石川台駅

大田区

東中公園

上大崎三

ホテルパシフィック東京

かむろ坂下

清泉女子大

品川プリンス
ホテル

山手通り

首都高速

桜田通り

五反田駅

港区

不動前駅

大崎局前

西五反田一

大崎広小路

ゆうぽうと

大崎広小路駅

西霧ヶ谷公園

TOC

立正大

御殿山ヒルズ

応寺

中原口

大崎駅

区総合体育館

黒薬科大

平塚中央公園

大崎ニューシティ

ゲートシティ大崎

場公園

百反通り

居木橋

目黒川

品川区

戸越銀座駅

戸越駅

わかば公園

戸越八幡神社

東急池上

国文学研究資料館

りんかい線

京浜東北線

戸越三

戸越公園

原中延駅

戸越公園駅

JR東日本総合
車両センター

下神明駅

品川区役所

東急大井町線

きゅりあん

中延駅

戸越南公園

大井町駅

アトレ大井町

二葉四

NFパークビル

阪急

豊町公園

二葉公園

大井三ツ又

西大井
駅

西大井
広場公園

池上通り

西光寺

滝王子通り

大井五

品川歴史館

鹿島神社

浜川公園

松原橋

1:22,500

0   500m

地図上端为正北方向

品川駅
港南二
港区
第一京浜
品川グランドコモンズ
品川インターシティ
海岸通り
京浜運河
新幹線引込線
東京海洋大 ⊗
旧海岸通り
シーフォートスクエア
品川ふ頭
新八ツ山橋
北品川駅
東海道新幹線
八ツ山通り
天王洲アイル駅
天王洲アイル
天王洲アイル駅
品川南ふ頭公園
東電品川火力発電所
山手線
品川神社 ⛩
銀杏樹
P65
天王洲公園
東品川海上公園
京浜東北線
北品川二
新馬場駅
目黒川
子供の森公園
海徳寺 卍
東品川三
りんかい線
東京モノレール
首都高速
東電大井火力発電所
天龍寺 卍
卍 願行寺
東品川公園
海岸通り
大井ふ頭野外活動
八潮北公園
北ふ頭橋
北部陸橋上
第二京浜
ゼームス坂
品川シーサイドフォレスト
卍 品川寺
卍 海雲寺
品川シーサイド駅
北部陸橋
青物横丁駅
海晏寺 卍
大井清掃工場
品川区
南品川三
八潮橋
鮫洲公園
鮫洲駅
大井公園
京浜急行本線
鮫洲運転免許試験場
大井ふ頭緑道公園
首都高速
大井ふ頭
東大井公園
東大井
八潮公園
北部陸橋
立会川駅
勝島運河
旧東海道
首都高速
京浜運河
品川八潮パークタウン
第二京浜
立会川
新浜川橋
しながわ区民公園
大井競馬場前駅
大井競馬場
勝島橋
中央海浜公園前
大井ふ頭中央海浜公園

デックス東京ビーチ

港区 台場 湾岸道路

アクアシティお台場

東京テレポート駅

ホテル日航東京 フジテレビ

ゆりかもめ

りんかい線 台場駅

ホテルグランパシフィック
メリディアン

パレットタウン

青海駅

潮風公園

シンボル
プロムナード公園 青海一

船の科学館駅 江東区

都高速 船の科学館 青海中央ふ頭公園

東京港トンネル 宗谷

羊蹄丸 日本科学
未来館 テレコムセンター前

テレコムセンター駅

東京税関 テレコム
センター

大江戸温泉物語 青海南ふ頭公園

青海二

東京港

青海コンテナふ頭

大井コンテナふ頭

なとが丘ふ頭公園

大井税関前 大田区

1：22,500

0 500m

地図上端为正北方向

253

附录

あ　甘いつ子 ・・・・・・・・・・・・・・・・・・・・・・・・（ 杉並区西荻南 ）・・・・・・・・・・・・・・・ 204

　　　天野屋喫茶部 ・・・・・・・・・・・・・・・・・・・・（ 千代田区外神田 ）・・・・・・・・・・・・・ 38

　　　R Style by 両口屋是清・・・・・・・・・・・・（ 渋谷区神宮前 ）・・・・・・・・・・・・・・・ 84

　　　いがらしや ・・・・・・・・・・・・・・・・・・・・・（ 墨田区両国 ）・・・・・・・・・・・・・・・・・ 170

　　　池袋三原堂 ・・・・・・・・・・・・・・・・・・・・・（ 豊島区西池袋 ）・・・・・・・・・・・・・・ 126

　　　石鍋商店 ・・・・・・・・・・・・・・・・・・・・・・・（ 北区岸町 ）・・・・・・・・・・・・・・・・・・・ 130

　　　井泉亭・・・・・・・・・・・・・・・・・・・・・・・・・・（ 三鷹市井の頭 ）・・・・・・・・・・・・・・ 208

　　　いちょうの木 ・・・・・・・・・・・・・・・・・・・・（ 品川区北品川 ）・・・・・・・・・・・・・・ 66

　　　韻松亭 喫茶去 ・・・・・・・・・・・・・・・・・・・（ 台東区上野公園 ）・・・・・・・・・・・・ 144

　　　梅園 ・・・・・・・・・・・・・・・・・・・・・・・・・・・（ 台東区浅草 ）・・・・・・・・・・・・・・・・ 146

　　　梅むら ・・・・・・・・・・・・・・・・・・・・・・・・・（ 台東区浅草 ）・・・・・・・・・・・・・・・・ 148

　　　ゑちごや ・・・・・・・・・・・・・・・・・・・・・・・（ 文京区本郷 ）・・・・・・・・・・・・・・・・ 114

　　　追分だんご本舗 ・・・・・・・・・・・・・・・・・（ 新宿区新宿 ）・・・・・・・・・・・・・・・・ 196

　　　お菓子所 ちもと・・・・・・・・・・・・・・・・・（ 目黒区八雲 ）・・・・・・・・・・・・・・・・ 70

　　　表参道 茶茶の間 ・・・・・・・・・・・・・・・・・（ 渋谷区神宮前 ）・・・・・・・・・・・・・・ 82

か　神楽坂 茶寮・・・・・・・・・・・・・・・・・・・・・・（ 新宿区神楽坂 ）・・・・・・・・・・・・・・ 190

　　　かなん亭 ・・・・・・・・・・・・・・・・・・・・・・・（ 葛飾区柴又 ）・・・・・・・・・・・・・・・・ 182

　　　かんてんぱぱ café & shop 初台店　（ 渋谷区初台 ）・・・・・・・・・・・・・・・・ 90

　　　甘味あづま 京橋本店 ・・・・・・・・・・・・・（ 中央区京橋 ）・・・・・・・・・・・・・・・・ 26

　　　甘味あらい ・・・・・・・・・・・・・・・・・・・・・（ 大田区池上 ）・・・・・・・・・・・・・・・・ 76

　　　甘味喫茶 さくら茶屋 ・・・・・・・・・・・・・（ 武蔵野市吉祥寺本町 ）・・・・・・・・ 206

　　　甘味茶房 菊丸 ・・・・・・・・・・・・・・・・・・・（ 台東区西浅草 ）・・・・・・・・・・・・・・ 156

　　　甘味茶寮 夢々 ・・・・・・・・・・・・・・・・・・・（ 新宿区高田馬場 ）・・・・・・・・・・・・ 200

　　　甘味 しぐれ茶屋 ・・・・・・・・・・・・・・・・・（ 台東区根岸 ）・・・・・・・・・・・・・・・・ 154

　　　甘味処 芋甚・・・・・・・・・・・・・・・・・・・・・（ 文京区根津 ）・・・・・・・・・・・・・・・・ 106

　　　甘味処 いり江 ・・・・・・・・・・・・・・・・・・・（ 江東区門前仲町 ）・・・・・・・・・・・・ 178

　　　甘味処 茎の花 ・・・・・・・・・・・・・・・・・・・（ 文京区小石川 ）・・・・・・・・・・・・・・ 116

　　　甘味処 たかね ・・・・・・・・・・・・・・・・・・・（ 三鷹市下連雀 ）・・・・・・・・・・・・・・ 210

　　　甘味処 初音 ・・・・・・・・・・・・・・・・・・・・・（ 中央区日本橋人形町 ）・・・・・・・・ 30

　　　甘味処 花 ・・・・・・・・・・・・・・・・・・・・・・・（ 新宿区神楽坂 ）・・・・・・・・・・・・・・ 192

　　　甘味処 由はら ・・・・・・・・・・・・・・・・・・・（ 江東区富岡 ）・・・・・・・・・・・・・・・・ 176

　　　甘露七福神 ・・・・・・・・・・・・・・・・・・・・・（ 豊島区巣鴨 ）・・・・・・・・・・・・・・・・ 124

　　　喫茶城山 ・・・・・・・・・・・・・・・・・・・・・・・（ 世田谷区世田谷 ）・・・・・・・・・・・・ 96

　　　紀の善 ・・・・・・・・・・・・・・・・・・・・・・・・・（ 新宿区神楽坂 ）・・・・・・・・・・・・・・ 188

　　　京はやしや 青山店・・・・・・・・・・・・・・・（ 渋谷区神宮前 ）・・・・・・・・・・・・・・ 86

　　　銀座鹿乃子本店 和喫茶室 ・・・・・・・・・（ 中央区銀座 ）・・・・・・・・・・・・・・・・ 14

　　　銀座立田野 ・・・・・・・・・・・・・・・・・・・・・（ 中央区銀座 ）・・・・・・・・・・・・・・・・ 12

　　　銀座 東京羊羹 喫茶 ・・・・・・・・・・・・・・・（ 中央区銀座 ）・・・・・・・・・・・・・・・・ 22

　　　銀座松崎煎餅 お茶席 ・・・・・・・・・・・・・（ 中央区銀座 ）・・・・・・・・・・・・・・・・ 16

　　　葛餅 老舗 浅野屋 ・・・・・・・・・・・・・・・・・（ 大田区池上 ）・・・・・・・・・・・・・・・・ 74

　　　古桑庵 ・・・・・・・・・・・・・・・・・・・・・・・・・（ 目黒区自由が丘 ）・・・・・・・・・・・・ 68

　　　言問団子 ・・・・・・・・・・・・・・・・・・・・・・・（ 墨田区向島 ）・・・・・・・・・・・・・・・・ 164

さ　埼玉屋小梅 ・・・・・・・・・・・・・・・・・・・・・・（墨田区向島）・・・・・・・・・・・・・・・・ 166

　　櫻子 ・・・・・・・・・・・・・・・・・・・・・・・・・・・（世田谷区成城）・・・・・・・・・・・・・ 94

　　茶房はん亭 ・・・・・・・・・・・・・・・・・・・（文京区根津）・・・・・・・・・・・・・・・ 104

　　茶寮 都路里 東京店 ・・・・・・・・・・・（港区東新橋）・・・・・・・・・・・・・・・ 48

　　茶廊 椿・・・・・・・・・・・・・・・・・・・・・・・・（渋谷区西原）・・・・・・・・・・・・・・・ 92

　　松月茶房 ・・・・・・・・・・・・・・・・・・・・・・（港区赤坂）・・・・・・・・・・・・・・・・・ 50

　　松濤 粋・・・・・・・・・・・・・・・・・・・・・・・・（中央区銀座）・・・・・・・・・・・・・・・ 18

　　新鶯亭 ・・・・・・・・・・・・・・・・・・・・・・・・（台東区上野公園）・・・・・・・・・ 142

　　清月堂茶房 ・・・・・・・・・・・・・・・・・・・（中央区銀座）・・・・・・・・・・・・・・・ 24

　　雪月花 ・・・・・・・・・・・・・・・・・・・・・・・・（世田谷区等々力）・・・・・・・・・ 98

た　大丸やき茶房 ・・・・・・・・・・・・・・・・・（千代田区神田神保町）・・・・・・・ 44

　　たいやき わかば ・・・・・・・・・・・・・・・（新宿区若葉）・・・・・・・・・・・・・・・ 194

　　髙木屋老舗 ・・・・・・・・・・・・・・・・・・・（葛飾区柴又）・・・・・・・・・・・・・・・ 180

　　竹むら ・・・・・・・・・・・・・・・・・・・・・・・・（千代田区神田須田町）・・・・・・・ 40

　　だるまや餅菓子店 ・・・・・・・・・・・・・（北区十条仲原）・・・・・・・・・・・・・ 132

　　茶遊処 銀座 佐人 ・・・・・・・・・・・・・・（中央区銀座）・・・・・・・・・・・・・・・ 20

　　つる瀬本店 喫茶室 ・・・・・・・・・・・・・（文京区湯島）・・・・・・・・・・・・・・・ 108

　　TORAYA CAFÉ 六本木ヒルズ店 ・・・・（港区六本木）・・・・・・・・・・・・・・・ 54

　　虎屋菓寮 赤坂本店 ・・・・・・・・・・・・・（港区赤坂）・・・・・・・・・・・・・・・・・ 52

な　Neo Sitting Room！ ・・・・・・・・・・・・（文京区本郷）・・・・・・・・・・・・・・・ 112

は　花園万頭 花園茶寮 ・・・・・・・・・・・・・（新宿区新宿）・・・・・・・・・・・・・・・ 198

　　羽二重団子 ・・・・・・・・・・・・・・・・・・・（荒川区東日暮里）・・・・・・・・・ 158

　　ぱぽたーじゅ ・・・・・・・・・・・・・・・・・・（港区麻布十番）・・・・・・・・・・・・ 58

　　ふくあん ・・・・・・・・・・・・・・・・・・・・・・（港区芝公園）・・・・・・・・・・・・・・ 60

　　福島家 ・・・・・・・・・・・・・・・・・・・・・・・・（豊島区巣鴨）・・・・・・・・・・・・・・ 122

　　福助 ・・・・・・・・・・・・・・・・・・・・・・・・・・（台東区上野）・・・・・・・・・・・・・・ 138

　　冨士見野 ・・・・・・・・・・・・・・・・・・・・・・（中野区新井）・・・・・・・・・・・・・・ 202

　　船橋屋 亀戸天神前本店 ・・・・・・・・・（江東区亀戸）・・・・・・・・・・・・・・・ 172

　　船橋屋こよみ ・・・・・・・・・・・・・・・・・・（渋谷区広尾）・・・・・・・・・・・・・・・ 88

　　舟和本店喫茶室 ・・・・・・・・・・・・・・・・（台東区浅草）・・・・・・・・・・・・・・・ 150

　　文銭堂喫茶室 莉須凡 ・・・・・・・・・・・・（千代田区神田神保町）・・・・・・・ 42

　　北斎茶房 ・・・・・・・・・・・・・・・・・・・・・・（墨田区亀沢）・・・・・・・・・・・・・・・ 168

ま　御門屋本店 くつろぎ茶寮 ・・・・・・・・・（目黒区中町）・・・・・・・・・・・・・・・ 72

　　みはし 上野本店 ・・・・・・・・・・・・・・・・（台東区上野）・・・・・・・・・・・・・・ 140

　　武蔵野茶房 汐留店 ・・・・・・・・・・・・・（港区東新橋）・・・・・・・・・・・・・・・ 46

　　目白 志むら ・・・・・・・・・・・・・・・・・・・（豊島区目白）・・・・・・・・・・・・・・ 128

　　茂助だんご ・・・・・・・・・・・・・・・・・・・（中央区築地）・・・・・・・・・・・・・・・ 28

　　森乃園茶房 ・・・・・・・・・・・・・・・・・・・（中央区日本橋人形町）・・・・・・・ 32

や　柳ばし にんきや ・・・・・・・・・・・・・・・・（台東区柳橋）・・・・・・・・・・・・・・ 152

　　山長 ・・・・・・・・・・・・・・・・・・・・・・・・・・（江東区亀戸）・・・・・・・・・・・・・・ 174

　　湯島みつばち ・・・・・・・・・・・・・・・・・・（文京区湯島）・・・・・・・・・・・・・・ 110

ら　楽食楽菓 梅芯庵・・・・・・・・・・・・・・・・（港区麻布十番）・・・・・・・・・・・・ 56

版权信息

The Best Selection of Sweets Cafés in Tokyo

Copyright © 2006 Asako Kishi and Tokyo Shoseki Co.,Ltd.

All rights reserved.

Originally published in Japan in 2006 by Tokyo Shoseki Co.,Ltd.

Chinese (in simplified characters only) translation rights arranged with
Tokyo Shoseki Co., Ltd. through Toppan Leefung Printing (Shanghai) Co.,Ltd.

图书在版编目（CIP）数据

东京五星甜品店 ／（日）岸朝子，日本东京书籍株式
会社编著 ；徐蓉译. — 北京：北京美术摄影出版社，
2019.4

书名原文：The Best Selection of Sweets Cafés
in Tokyo

ISBN 978-7-5592-0062-4

I. ①东… II. ①岸… ②日… ③徐… III. ①甜食—
餐馆—介绍—东京 IV. ①F719.3

中国版本图书馆 CIP 数据核字（2017）第 281988 号

北京市版权局著作权合同登记号：01-2017-1448

责任编辑：董维东

助理编辑：康　晨

责任印制：彭军芳

东京五星甜品店

DONGJING WUXING TIANPINDIAN

[日] 岸朝子　日本东京书籍株式会社　编著

徐蓉　译

出　版　北京出版集团公司
　　　　北京美术摄影出版社
地　址　北京北三环中路6号
邮　编　100120
网　址　www.bph.com.cn
总发行　北京出版集团公司
发　行　京版北美（北京）文化艺术传媒有限公司
经　销　新华书店
印　刷　上海利丰雅高印刷有限公司
版印次　2019年4月第1版第1次印刷
开　本　787毫米×1092毫米 1/32
印　张　8
字　数　200千字
书　号　ISBN 978-7-5592-0062-4
审图号　GS（2017）2685号
定　价　79.00元
如有印装质量问题，由本社负责调换
质量监督电话　010-58572393